"Ao fim desta leitura maravilhosa, o leitor alcançará uma compreensão mais profunda da esperança e sobre como nutri-la. Obrigado, dr. Miller, pelo presente que o senhor deu ao mundo."

— **Michael McGee, MD, DLFAPA**,
autor de *The Joy of Recovery*

"A esperança é um superpoder: ela ajuda as pessoas a solucionar problemas, recuperar-se de traumas e melhorar seus relacionamentos. Este livro, repleto de histórias, exala otimismo e propósito, demonstrando como usar a esperança para uma vida mais plena."

— **Scott T. Walters, PhD**,
professor, School of Public Health,
University of North Texas Health Science Center

"Um livro profundamente esclarecedor e agradável de ler."

— **Monty Roberts**,
autor de *O homem que ouve cavalos*

"Misture muita paixão pela ciência com uma enorme reverência diante do transcendente. Acrescente atenção aos detalhes e uma dose caprichada de sensibilidade artística. O resultado é uma joia rara, que nos ajuda a encontrar caminhos para a esperança, bem como a compreendê-los com maior profundidade. Com o seu toque único, o dr. Miller aproveita achados científicos complexos e os apresenta com uma linguagem que qualquer um pode entender. Pode ser que você ainda não saiba, mas você precisa deste livro — todos precisamos."

— **David B. Rosengren, PhD**,
presidente e CEO, Prevention Research Institute

"Em um período em que a esperança parece estar em risco de extinção, este livro mostra que ela ainda está bem viva. Peguei-me, várias vezes, rindo e chorando por causa das histórias contadas pelo dr. Miller sobre nossos heróis do dia a dia, que vivem com esperança e a disseminam."

— **Annam Manthiram**,
executiva de organização sem fins lucrativos, Dallas

"O dr. Miller utiliza ciência, história, artes e toda sua experiência pessoal para trazer à luz cada faceta da esperança. Ele revela maneiras de enxergar, compreender, manter e viver a esperança."

— **Charles H. Bombardier, PhD**,
Departamento de Medicina de Reabilitação,
University of Washington

8 CAMINHOS PARA A
ESPERANÇA

M647o Miller, William R.
        8 caminhos para a esperança : encontrando propósito e motivação em tempos de incerteza / William R. Miller ; tradução: Pedro Augusto Machado Fernandes ; revisão técnica: Neliana Buzi Figlie. – Porto Alegre : Artmed, 2025.
        x, 193 p. ; 23 cm.

        ISBN 978-65-5882-310-0

        1. Esperança. 2. Psicologia. I. Título.

                                                        CDU 159.942

Catalogação na publicação: Karin Lorien Menoncin – CRB 10/2147

WILLIAM R. MILLER

8 CAMINHOS PARA A ESPERANÇA

encontrando **propósito** e **motivação**
em tempos de incerteza

Tradução
Pedro Augusto Machado Fernandes

Revisão técnica
Neliana Buzi Figlie

Psicóloga. Docente da Unidade de Aperfeiçoamento em Psicologia e Psiquiatria (UPPSI).
Especialista em Psicologia Clínica e em Dependência Química. Mestra em Saúde Mental
e Doutora em Ciências pela Universidade Federal de São Paulo (Unifesp).
Instrutora certificada de Entrevista Motivacional e associada ao Motivational Interviewing
Network of Trainers (MINT), com formação em Entrevista Motivacional pela University
of New Mexico – Center on Alcohol, Substance use, And Addictions (CASAA).

artmed

Porto Alegre
2025

Obra originalmente publicada sob o título *8 Ways to Hope: Charting a Path through Uncertain Times*, 1st Edition

ISBN 9781462551286

Copyright © 2024 The Guilford Press
A Division of Guilford Publications, Inc.

Gerente editorial
Alberto Schwanke

Coordenadora editorial
Cláudia Bittencourt

Editor
Lucas Reis Gonçalves

Capa
Paola Manica | Brand&Book

Preparação de originais
Ana Laura Vedana

Leitura final
Fernanda Luzia Anflor Ferreira

Editoração
AGE – Assessoria Gráfica Editorial Ltda.

Reservados todos os direitos de publicação, em língua portuguesa, ao
GA EDUCAÇÃO LTDA.
(Artmed é um selo editorial do GA EDUCAÇÃO LTDA.)
Rua Ernesto Alves, 150 – Bairro Floresta
90220-190 – Porto Alegre – RS
Fone: (51) 3027-7000

SAC 0800 703 3444 – www.grupoa.com.br

É proibida a duplicação ou reprodução deste volume, no todo ou em parte, sob quaisquer formas ou por quaisquer meios (eletrônico, mecânico, gravação, fotocópia, distribuição na Web e outros), sem permissão expressa da Editora.

IMPRESSO NO BRASIL
PRINTED IN BRAZIL

Autor

William R. Miller, PhD, é Professor Emérito de Psicologia e Psiquiatria pela University of New Mexico. Com interesse fundamental na psicologia da mudança, é um dos criadores do método de aconselhamento conhecido como entrevista motivacional. Recebeu, da American Psychological Association, dois prêmios por conquistas de carreira, também recebeu o Jellinek Memorial Award e o Innovators Award da Robert Wood Johnson Foundation, entre muitos outros reconhecimentos.

*À dra. Carolina Yahne,
que vive a esperança.*

Prefácio

Nos últimos anos, nossa sociedade tem sofrido com a pandemia de covid-19, calamidades econômicas, aquecimento global, polarização política, guerras e rumores de guerras, além de uma onda infindável de tragédias que são apresentadas nos noticiários. Eu conversava com meu editor da The Guilford Press sobre a necessidade de se ter esperança, quando considerei a possibilidade de escrever um novo livro sobre o assunto. Tive experiências positivas ao aprender e escrever sobre realidades humanas como a ambivalência, a empatia, a fé e o amor. Mas e a esperança?

A estratégia que costumo utilizar quando investigo um tema amplo como esse é mergulhar na literatura especializada sobre o assunto para investigar o que se aprendeu a respeito não só em meu campo de atuação, a psicologia, mas também nas ciências humanas e áreas relacionadas, a fim de descobrir o que pode ser relevante para a maioria das pessoas, bem como de seu interesse. O que percebi de imediato é que a esperança não é um fenômeno monolítico, mas um conglomerado de experiências humanas inter-relacionadas. Em conjunto, elas são como um diamante precioso que reflete a maneira como enxergamos o futuro — e suas diferentes facetas brilham quando o giramos. Eu me encantei.

Minha esperança é a seguinte: virar esse diamante precioso que tem estado conosco, no mínimo, desde o surgimento da linguagem escrita, considerando uma faceta de cada vez. Sou encorajado pelas borboletas que, para o meu prazer, passam regularmente pela janela do meu escritório, pois decidiram que o pátio lá fora é o seu parque de diversões. Elas não vivem muito, somente alguns meses do momento em que são ovos até sua esplêndida vida adulta, com suas asas tigradas amarelas e pretas. Elas se exibem em danças de acasalamento aéreas a fim de garantir esperança para a próxima geração e para o ano que há de vir. Mas estou divagando.

Algumas facetas da esperança chamarão sua atenção, leitor, mais diretamente do que outras. Os lugares nos quais cada um de nós alicerça sua esperança variam. Alguns se respaldam em probabilidades estatísticas; outros enxergam possibilidades. Alguns vivem com a aflição de desejar aquilo que deveria acontecer, enquanto outros simplesmente confiam que há de acontecer. Alguns depositam sua esperança sobre um alicerce de significado, ao passo que outros seguem rumando com persistência em direção ao horizonte que vislumbram. Existem os otimistas esperançosos, os apostadores a longo prazo e aqueles cuja esperança vai contra a esperança. Estamos juntos nesta jornada de toda uma vida, carregando nossas mochilas, de tamanhos variados e de diferentes cores, cheias de esperança. Olhemos, pois, para o que está dentro delas.

Sumário

	Prefácio	ix
1	Encontrando nosso caminho na escuridão	1
2	Desejo...	11
3	Probabilidade...	27
4	Possibilidade...	41
5	Otimismo: expectativas elevadas....................................	55
6	Confiança	69
7	Significado e propósito	83
8	Perseverança...	95
9	A esperança além da esperança.....................................	109
10	Escolhendo a esperança	121
	Notas..	141
	Índice	185

1
Encontrando nosso caminho na escuridão

Ter esperança é ser capaz de enxergar que existe luz apesar de toda escuridão.
— Desmond Tutu

Aqueles que não esperam pelo inesperado não o encontrarão.
— Heráclito

De todos os presentes de casamento extraordinários que o casal havia recebido, aquele era certamente o mais estranho: um grande vaso de barro com uma tampa lacrada, acompanhado de um severo aviso para que nunca o abrissem. Naturalmente, a curiosidade prevaleceu. Assim que a tampa foi removida, uma enxurrada de pragas voou para fora. Eles rapidamente fecharam o vaso, mas já era tarde; os tormentos haviam sido soltos no mundo.

Na tarefa de passar adiante essa antiga história mitológica, um tradutor em 1508 interpretou erroneamente o termo grego para vaso — *pithos* — como "caixa", e cinco séculos depois ela continua sendo conhecida como a Caixa de Pandora. Certa vez, um governador do Novo México a deturpou ainda mais ao exclamar: "Bem, isso abre uma verdadeira caixa de Pandoras!". Talvez ele pensasse que fossem charutos. Um detalhe importante, que muitas vezes se omite quando contam essa história clássica, é o único elemento que permaneceu no vaso após todos os sombrios tormentos terem escapado: a esperança.

A esperança está sempre ligada ao desconhecido, particularmente ao futuro. Podemos *desejar* um passado diferente, mas não temos *esperança* em relação a ele. Também não sentimos esperança sobre algo que parece certo que irá ocorrer ou por algo que já aconteceu. Há, contudo, uma exceção aqui, pois podemos manter esperanças sobre o passado até descobrirmos o que de fato ocorreu. "Espero que você tenha dormido bem." "Espero que nosso time tenha vencido ontem." Perdidos em uma ilha deserta, podemos imaginar com nostalgia o que está acontecendo no mundo em nossa ausência. Mesmo aqui, porém, a esperança se refere ao que aprenderemos no futuro sobre o que já ocorreu. Em uma era de informação e comunicação quase instantâneas, o período de espera antes de saber foi consideravelmente reduzido.

A esperança é possibilidade antecipada, algo que fazemos ao enfrentar a incerteza. Ao dizer "fazemos", refiro-me não apenas a ações concretas. Embora a esperança possa se manifestar em comportamentos observáveis, o que fazemos diante da incerteza inclui também aspectos do mundo interno, como escolher, prestar atenção, pensar, sentir e lembrar, tudo isso de maneira esperançosa. A esperança se refere à antecipação do que ainda não é. Ela é um espaço liminar, um limiar para o que pode vir a ser. De fato, a esperança é capaz de criticar e transformar o presente.[1]

> Com tudo o que está acontecendo em sua vida agora e no mundo ao seu redor, quais são suas três esperanças mais afetivas?

Parece haver um desejo humano intrínseco de se apegar à esperança, especialmente em tempos difíceis.[2] Assim como a visão noturna, a esperança é uma maneira de enxergar na escuridão, embora possa levar algum tempo para que nossa visão se ajuste. Em meio a várias ameaças e perigos, dr. Martin Luther King Jr. se manteve firme em seu sonho para o futuro: "Devemos aceitar as decepções finitas, mas nunca perder a esperança infinita". Ela é o conteúdo das visões e das canções que nos sustentam, proclamando que *vamos* superar as adversidades.

A essência da esperança é a visão de um aprimoramento, e isso nos faz bem. Sonhar com um futuro melhor está programado na natureza humana e nos ajuda a seguir em frente e a sobreviver. A esperança "brota eternamente no peito humano",[3] especialmente em épocas como a atual, marcada por guerras, pandemia, aquecimento global, polarização social e uma desigualdade econômica esmagadora.[4] Ela surge em meio a obstáculos e incertezas, quando o presente está conturbado e o futuro é incerto. Trata-se de uma experiência humana universal que vive no campo do ainda-não, buscando ir além de como as coisas *estão* para imaginar como *poderiam* estar. Os animais respondem ao presente e recordam o passado, mas, até onde sabemos, contemplar possíveis futuros distantes é uma experiência exclusivamente humana. Seres humanos e muitos outros mamíferos sofrem ao perder um companheiro, mas o sofrimento *antecipatório* diante de uma perda futura requer a capacidade de imaginar o futuro. Podemos visualizar o que *talvez* aconteça, e é aí que reside a esperança.

VARIEDADES DA ESPERANÇA

A esperança é uma experiência que todos conhecem, mas *o que* exatamente ela *é*? Embora seja familiar, a esperança pode também ser fugaz, como as borboletas e beija-flores que voam diante da minha janela enquanto escrevo isto. Ela tem uma qualidade elusiva e intangível, difícil de ser capturada em uma definição. Como veremos, isso se dá em parte porque, assim como as borboletas e pássaros, a esperança surge de diversas formas. Em minhas pesquisas para este livro, rapidamente ficou claro que a esperança não é uma coisa só. Ela é complexa, com muitas facetas, formas e fundamentos que são aspectos complementares de uma mesma experiência.[5] A esperança pode ser um sentimento, pensamento, ação, visão, uma força vital e uma forma de ver ou de ser. Ela se encontra no cerne da tríade espiritual composta por fé, esperança e amor.[6] Duas definições datadas do século XI descreveram a esperança como um degrau para um nível superior e como um oásis em meio a um deserto.[7] Ela é todas essas coisas, mas nenhuma delas captura sua essência completa. Um diamante, portanto, parece uma metáfora adequada para a esperança. Ele possui muitas facetas, grande beleza, e está entre as joias mais duras e preciosas. Um diamante pode ser oferecido como símbolo de esperança e compromisso.

Há, contudo, um lado negativo na esperança. Uma das pedras preciosas mais famosas é o grande diamante azul Hope, batizado em homenagem a um de seus muitos proprietários, alguns dos quais, ironicamente, enfrentaram infortúnios e tragédias, alimentando a lenda de que a pedra é amaldiçoada.[8] O mito grego de Pandora poderia sugerir que a esperança deixada no vaso não passava de mais uma maldição.[9] A esperança tem vários aspectos diferentes. Ao falar sobre esperança, as pessoas podem descrever apenas uma pequena parte dela. Por exemplo, a esperança pode ser equiparada a um otimismo injustificado que, embora reconfortante, poderia enfraquecer o senso de urgência para entrar em ação. Vivendo em um mundo de sonhos esperançosos, pode-se perder a alegria do presente.

Ainda assim, os efeitos da esperança são, de forma esmagadora, positivos, como veremos nos próximos capítulos, que examinam vários aspectos da esperança, girando o diamante para explorar suas facetas na forma como podemos responder quando confrontados com a incerteza. Há mais de uma maneira de ter esperança. Antes do capítulo final, teremos considerado oito facetas distintas da esperança, diferentes maneiras de enxergar além do presente rumo ao ainda-não.

ESPERANÇA E MEDO

Além da esperança, há outra experiência humana universal que também habita o território do ainda-não — e que imagina o que pode vir a ser. Esse sentimento é o medo. Na mente humana, tanto a esperança quanto o medo projetam imagens do que pode ocorrer, e ambos podem ser forças motivadoras poderosas. São lentes alternativas para ver um futuro incerto, e, até certo ponto, contrapõem-se mutuamente, embora também possam coexistir.[10] Eu tenho esperança para as próximas gerações, incluindo o futuro dos meus filhos e netos, mas também me preocupo com o que a vida poderá lhes trazer. A esperança e o medo têm uma relação controversa, e cada um de nós escolhe como fazer as pazes com eles. A esperança tende a expandir nossos horizontes, enquanto o medo os contrai.

Independentemente do ano, o mundo sempre fornece evidências suficientes para justificar o desespero, e é compreensível que nossa história evolutiva nos predisponha a prestar atenção especial a qualquer informação negativa.[11] O medo é nosso alarme interno de sobrevivência. Se algo representa até mesmo uma ameaça remota, queremos saber. E, para atender a essa demanda, há veículos de mídia e *sites* que oferecem um fluxo constante de perigos e sombras. Quando faltam calamidades locais para as notícias do dia, sempre há tragédias perturbadoras a relatar de outros lugares. Assim como acontece ao passarmos por um acidente de trânsito, parte de nós se sente compelida a olhar pobreza, violência, doença e morte, desastres naturais, aquecimento global e a desumanidade.

Ainda assim, o medo não é a única voz que podemos ouvir, e não merece ter a última palavra. Em meio às dificuldades, a esperança permanece como um antídoto ao medo. Sempre que anjos bíblicos falam, suas primeiras palavras geralmente trazem uma mensagem reconfortante de esperança: "Não tenhais medo". A esperança e o medo suprimem um ao outro. Como uma resposta de sobrevivência profundamente enraizada, o medo é rápido e, frequentemente, a primeira experiência. O que acontece a seguir, porém, é uma questão de escolha. O medo pode prevalecer, levando à luta, à fuga ou ao simples desligamento. A esperança, por sua vez, abre caminhos diferentes. Em meio à Grande Depressão de 1933, o presidente Franklin Roosevelt declarou, com a famosa frase: "a única coisa que devemos temer é o próprio medo".[12] O medo pode bloquear a capacidade criativa de encontrar melhores alternativas e até mesmo a vontade de buscá-las. A esperança é sobre encontrar tanto a vontade quanto um caminho para seguir em frente.[13]

> Quais são seus medos mais significativos agora? Você tem esperanças relacionadas a eles?

É bem possível, como mencionado, sentir esperança e medo ao mesmo tempo. Eles podem nos impulsionar em direções opostas, mas ainda assim podemos escolher qual caminho seguir. O temor de um potencial sombrio pode impulsionar uma busca urgente por um futuro mais otimista. A coragem não é a ausência de medo, e sim a persistência de seguir em frente com esperança apesar dele. Explorar as diferentes formas de esperança é uma alternativa a afundar-se no atoleiro paralisante do desespero e do medo. Também pode ser útil caminhar ao lado de outras pessoas que já trilharam o mesmo caminho na escuridão e deram a volta por cima.

DESESPERANÇA

Em *A divina comédia* de Dante Alighieri, obra do século XIV, uma inscrição se encontra sobre os portões do inferno: *Abandonai toda a esperança, vós que entrais.* O desespero, a perda total de esperança, pode ser de fato infernal. A desesperança pode resultar de adversidades persistentes, perdas significativas ou traumas. Ela é um componente clássico da depressão clínica e contribui para o risco de suicídio.[14] Ao longo da vida, passei por períodos de depressão significativa, e um aspecto marcante foi o desaparecimento do meu otimismo característico. Foi uma das primeiras mudanças que notei antes de compreender o que estava acontecendo. Eu havia escrito sobre a depressão maior e tratado pessoas que sofriam com isso, mas nunca a havia vivenciado na pele. Felizmente, a depressão geralmente é bastante tratável e, ao longo de alguns meses, minha perspectiva positiva sobre a vida retornou.

É normal conceder a si mesmo o benefício da dúvida, vendo-se de maneira mais generosa do que os outros poderiam ver. É comum que as pessoas atribuam o crédito pelo que dá certo a si mesmas e os resultados negativos ao azar, a circunstâncias adversas ou a outras pessoas. Em contrapartida, pessoas deprimidas fazem justamente o oposto. Elas frequentemente culpam a si mesmas por todos os tipos de adversidade enquanto desconsideram o crédito pelas coisas boas. Suas visões sobre suas próprias habilidades e sobre o controle que têm da vida tendem a ser mais sombrias, embora, às vezes, mais precisas do que a média — a isso se dá o nome de *realismo depressivo*.[15] Não é deprimente?

Porém, há bons motivos para pensar positivamente sobre si e sobre os outros, pois, como será discutido em capítulos posteriores, aquilo que você espera tende a se tornar realidade. Quando começa a temer algo, você passa a procurar sinais disso, e então começa a encontrá-los. A desesperança gera impotência — desistir, em vez de "enfrentar um mar de dificuldades e, ao enfrentá-las, pôr-lhes um fim".[16] O medo combinado com a baixa esperança incentiva a passividade e a evasão, em vez de estratégias ativas de enfrentamento, o que por sua vez se torna uma profecia autorrealizável. Seu nível de esperança, seja ele alto ou baixo, reflete-se, portanto, no que você faz e se transforma em um modo de vida.

A CIÊNCIA DA ESPERANÇA

Quanto sabemos sobre a esperança? Fiquei fascinado ao descobrir. Em 1959, o eminente psiquiatra Karl Menninger lamentou, com razão, a escassez de pesquisas sobre esse "ingrediente básico, porém esquivo" no processo de cura: "Quando se trata da esperança, nossas estantes estão vazias. Os periódicos estão em silêncio".[17] Ele estava certo, mas isso não é mais verdade. Apenas meio século depois, somente na área de Menninger, havia 49 definições para a esperança e 32 instrumentos para mensurá-la.[18] Com o desenvolvimento das ciências comportamentais ao longo desse período, pesquisas e estudos sobre a esperança são agora abundantes em ecologia,[19] economia,[20] medicina,[21] enfermagem,[22] filosofia,[23] ciência política,[24] psicologia,[25] sociologia[26] e teologia.[27] Está claro que há um grande interesse em compreender essa experiência humana universal. Parte do que este livro oferece é uma síntese de centenas de artigos e livros publicados nas décadas seguintes ao lamento de Menninger. Para leitores interessados nos detalhes de ideias ou descobertas específicas, eles estão documentados nas notas referentes a cada capítulo ao fim do livro. Porém, se eles não lhe interessarem tanto, basta deixar a leitura fluir.

OS ESPERANÇOSOS

A esperança pode ser medida; na verdade, muitos instrumentos estão disponíveis. Isso torna possível aprender como a esperança se relaciona com outros aspectos da saúde e da personalidade. Pessoas que têm esperança se destacam em diversos aspectos em relação às demais. Dentro do vasto campo de pesquisa sobre o tema, foi constatado que aqueles com altos níveis de esperança tendem a:

- Ser melhores na resolução de problemas[28]
- Experimentar uma qualidade de vida mais elevada, mesmo diante de adversidades[29]
- Ser mais resilientes e persistentes[30]
- Transcender um presente difícil, encontrando um significado e propósito maior na vida[31]
- Estar mais engajados e satisfeitos com seu trabalho, e serem melhores nele[32]
- Demonstrar maior criatividade, adaptabilidade e desempenho acadêmico[33]
- Recuperar-se mais facilmente após uma lesão incapacitante[34]
- Obter melhores resultados no aconselhamento psicológico e na psicoterapia[35]

A esperança pode ser bastante específica. Pode ser que você espere *por* algo particular. A pesquisa mostra que a *autoeficácia* — a crença na própria capacidade de realizar uma tarefa específica — prediz o sucesso na sua execução.[36] Contudo, a esperança é muito maior do que o desejo por coisas específicas. Ela também pode ser uma perspectiva muito mais ampla, uma orientação positiva para o futuro e um investimento nele.[37] Por exemplo, com uma vida de observação e reflexão, o cientista, filósofo e teólogo francês Pierre Teilhard de Chardin concluiu que a história e a humanidade estão evoluindo sistematicamente em direção a um "ponto ômega" profundamente positivo.[38] Existem contratempos e desvios ao longo do caminho, mas, em última análise, há uma progressão de maturidade. Pouco antes de sua morte, Martin Luther King Jr. proclamou uma mensagem igualmente esperançosa, dizendo que "o arco do universo moral é longo, mas se inclina em direção à justiça".[39] Tais perspectivas abrangentes de um horizonte brilhante ao longo ajudam as pessoas a transcender e suportar tempos sombrios, como a luz ao final de um longo túnel. A esperança é um componente vital do que é conhecido como nosso *capital psicológico** — o desenvolvimento de perseverança e adaptabilidade para se alcançar sucesso em tarefas desafiadoras.[40] É fundamental para lidar com estresse sério e prolongado.[41]

A esperança não é apenas uma característica individual, ela é comunicável e compartilhável com outros. Pode se tornar uma orientação *coletiva* dentro de famílias e grupos, e até mesmo fazer parte da visão comum de futuro de uma sociedade.[42] Tanto a esperança quanto o medo são corais e contagiosos e, por isso, são temas motivacionais encontrados em discursos políticos capazes de influenciar a tomada de decisões. Assim como resfriados comuns, medo e esperança são transmitidos uns aos outros.

Dada a abundância de características positivas com as quais ela se associa, a esperança pode ser considerada uma virtude mestra. Ela é uma orientação positiva da mente e do coração em relação ao próprio futuro ou ao futuro do mundo em geral. A esperança é uma perspectiva escolhida, uma alternativa ao medo e ao desespero. Não somos obrigados a ter esperança, mas, se decidirmos adotá-la, há pelo menos oito caminhos entre os quais escolher. Vamos começar.

LEVANDO PARA O PESSOAL: ESPERANÇA

- Você já passou por um momento em que a esperança foi particularmente importante para você? Está lidando agora com uma experiência pessoal ou um evento global em que a esperança pode ajudá-lo da mesma maneira?
- Em uma escala de 1 a 10, quão esperançoso você é em comparação com outras pessoas?
- Olhando para o futuro, quais são duas ou três coisas que você realmente espera?

---

* N. de R.T. Conceito emergente da psicologia positiva que aborda a influência da mente no desempenho pessoal e profissional. O capital psicológico é composto de autoeficácia, esperança, otimismo e resiliência. (Azanza, G., Domínguez, África J., Moriano, J. A., & Molero, F. J. (2013). Capital psicológico positivo. Validación del cuestionario PCQ en España. *Anales de Psicología / Annals of Psychology, 30*(1), 294–301. https://doi.org/10.6018/analesps.30.1.153631.)

2
Desejo

*Os voos que a mente humana naturalmente alça não
a levam de prazer em prazer, e sim de esperança em esperança.*
— Samuel Johnson

*Sempre que alguém me diz que eu não posso fazer alguma coisa,
me dá ainda mais vontade de fazê-la.*
— Taylor Swift

Sua mãe morreu quando ela tinha apenas 2 anos e, aos 4, ela contraiu tuberculose, o que danificou sua coluna e a fez andar com uma leve claudicação, tornando-a incapaz de correr e brincar como as outras meninas. Ela se tornou uma leitora ávida e, inspirada pelos romances de Charles Dickens, Jane Addams desenvolveu uma paixão por aliviar o sofrimento dos pobres. Ela ansiava por fazer uma contribuição útil no mundo, um desejo que a impulsionou ao longo de uma vida longa e repleta de realizações. Com sua amiga Ellen Starr, cofundou e residiu na Hull House, a primeira casa de acolhimento nos Estados Unidos, onde se dedicou a viver entre os pobres e imigrantes de Chicago e a servi-los. Addams ganhou destaque em organizações de mulheres, tanto nacionais quanto internacionais. Ela incentivou "a ambição e as aspirações" das mulheres muito antes de elas conquistarem o direito ao voto, sendo reconhecida como uma das fundadoras do serviço social como uma nova profissão para mulheres. Foi a primeira mulher a receber um grau honorário da Universidade de Yale e a segunda a ser laureada com o Prêmio Nobel da Paz.[1]

O que você espera? Talvez o uso mais comum da palavra *esperança* seja para descrever algo que você deseja, quer ou almeja. Toda língua no planeta possui uma forma de expressar "eu quero".[2] Bebês aprendem a comunicar seus desejos muito antes de desenvolverem a linguagem falada. No teatro musical, geralmente há uma canção que diz "eu quero" no primeiro ato, em que os protagonistas expressam seus desejos, esperanças e sonhos. Alguns clássicos são "Além do arco-íris" em *O mágico de Oz*, "Música da escuridão" em *O fantasma da ópera* e "Minha chance" em *Hamilton*.

O começo da esperança está no querer. O desejo é um aspecto *essencial* do esperar. Você pode estimar probabilidades (Capítulo 3) e imaginar possibilidades (Capítulo 4), mas não é esperança até que você também *queira*. A energia entra através dessa faceta do desejo e ilumina o diamante da esperança.

Às vezes, o que chamamos de *esperança* é puro desejo. É o que experimento ao, depois de viajar por duas semanas, tendo comido bem demais e me exercitado pouco, estar prestes a subir na balança do banheiro em casa, esperando uma isenção temporária das leis da natureza. Isso talvez pudesse até ser chamado de esperança contra a esperança, mas reservei esse termo para uma discussão mais profunda no Capítulo 9.

O poder do desejo esperançoso está codificado no mito grego de Pigmalião, um rei de Chipre e talentoso escultor, que criou uma estátua de marfim de uma mulher perfeita, a quem chamou Galateia. A estátua era tão bela que ele acabou se apaixonando por ela. Ele a beijava e acariciava, colocava presentes aos seus pés... chegou até a construir uma cama ornamentada em que ela pudesse repousar. No dia do festival da deusa Afrodite, Pigmalião foi ao templo para oferecer um sacrifício, desejando uma esposa que fosse tão encantadora quanto sua escultura. Ao retornar para casa, uma surpresa o aguardava. Quando beijou Galateia na boca, como de costume, pensou ter sentido o calor de sua respiração. Ele a beijou novamente, e de fato seus lábios estavam macios e quentes. Afrodite, que os romanos chamavam de Vênus, havia dado vida a Galateia em resposta à esperança e prece do rei, assim como na história italiana de Pinóquio do século XIX.

As esperanças nem sempre se concretizam, é claro, mas o desejo pode contribuir para a realidade. O nome do rei mítico foi atribuído ao *efeito Pigmalião* na psicologia, cuja essência é "você recebe o que vê", para o bem ou para o mal. Como discutido no Capítulo 4, enxergar potencial em outros pode trazê-lo à tona. No popular musical *Minha bela dama* e na peça *Pigmalião*, de George Bernard Shaw, na qual o musical se baseou, um professor de fonética imagina como uma pobre vendedora de flores poderia se transformar em uma dama sofisticada ao mudar a forma como fala, e ele deseja que isso aconteça, mesmo que apenas para ganhar uma aposta. Essas profecias autorrealizáveis de expectativa foram comprovadas na educação,[3] em liderança e gestão,[4] e em contextos militares e de trabalho.[5]

O desejo é necessário, mas não suficiente para se ter esperança. Para se ter esperança, pelo menos três condições são necessárias: primeiro, é preciso ter uma meta ou um propósito em mente, algum evento futuro incerto que seja o objeto da sua esperança. Sem uma aspiração, não há nada por que se esperar. Em segundo lugar, você precisa desejá-la. E, em terceiro lugar, o que você espera deve parecer possível (Capítulo 4), mesmo que improvável (Capítulo 3). Você pode desejar conversar com Nelson Mandela ou Cleópatra, mas não nutriria esperanças de fazê-lo.[6] Desejo sem possibilidade não é esperança.[7] Também, normalmente, não se espera que o sol nasça amanhã, pois já é certo que isso irá acontecer.[8] A esperança é para aquilo que se situa entre o garantido e o impossível.[9] Não precisa ser *muito* provável. Na verdade, seus desejos podem parecer próximos do impossível, e ainda assim você pode ter esperança. A publicidade comercial e política pode sugerir todos os três componentes-chave da esperança: uma meta ideal, razões para desejá-la e uma forma aparente de alcançá-la.[10]

A intensidade do querer pode variar. Pode ser uma esperança relativamente superficial, como uma preferência de gosto: "Espero que eles tenham sorvete de baunilha hoje". À medida que a importância aumenta, o desejo também se intensifica: "Eu realmente espero que ganhemos este jogo hoje" ou "Espero conseguir este emprego". A profundidade do desejo pode até ser imensa, como a necessidade sedenta de um andarilho no deserto de encontrar água ou o desejo urgente de alívio do sofrimento intenso.

Ao desenvolvermos o método de entrevista motivacional para ajudar pessoas a mudarem e crescerem, Steve Rollnick e eu distinguimos dois componentes motivacionais: importância e confiança.[11] Assim como a esperança, a motivação para a mudança requer o suficiente de ambos os elementos. Nosso trabalho começou tentando ajudar as pessoas a mudar seu uso nocivo de álcool.[12] Muitas vezes, o obstáculo que encontrávamos nos sujeitos era a descrença de que o problema fosse *importante* o suficiente para ser resolvido. "Eu me sinto bem. Não bebo mais do que meus amigos, e isso não é um problema para mim. Eu *poderia* parar se quisesse, mas por que eu faria isso?" Eles não viam uma *razão* convincente para mudar o que estavam fazendo, uma razão suficiente para *querer* mudar. Outros clientes tinham um *porquê* e desejavam mudar, mas não conseguiam ver um *como*. Eles sabiam que a mudança era importante para eles, mas tinham pouca confiança de que ela pudesse acontecer. "Tentei e tentei parar, mas sempre acabo voltando a fumar. É muito difícil; simplesmente não consigo." Algumas pessoas não tinham nem a importância nem a confiança, não tinham vontade nem sabiam como mudar. Aqueles que raramente buscavam ajuda eram os que tinham tanto o *porquê* quanto o *como* da mudança, pois já estavam fazendo algo para mudar.

A esperança também é assim. Uma das teorias mais amplamente respeitadas é a do psicólogo Charles Snyder, que dedicou grande parte de sua carreira ao estudo da esperança.[13] Ele ensinava que há dois componentes vitais para a esperança — vontade e caminho. Por "vontade", ele se referia a um senso de agência pessoal, a capacidade geral de alcançar seus objetivos. O elemento "caminho" de Snyder é encon-

> O que em sua vida você já *desejou*, mas não considerou *possível*? Como você respondeu a essa situação ou a resolveu?

trar um ou mais caminhos potencialmente eficazes para tentar alcançar um objetivo. Ele observou que o ditado "onde há vontade, há um caminho" (do inglês *where there's a will, there's a way*) não é totalmente preciso.[14] Há pessoas que desejam mudanças e claramente as consideram importantes, mas que não enxergam nenhuma forma de realizá-las. A vontade sem caminho pode ser chamada de desespero. Aqueles que estão presos em conflitos prolongados podem ansiar pela paz, mas têm pouca ou nenhuma crença de que ela possa se concretizar.[15] Eles já desistiram, e o conflito persiste. Na perspectiva de Snyder, que defende a necessidade tanto de vontade quanto de caminho, eles carecem de esperança. Você precisa de desejo e possibilidade.

A propósito, a esperança não precisa depender da confiança nas próprias habilidades. Você pode acreditar que a mudança positiva será possível por meio dos esforços de outros, sem exigir sua própria participação ativa.[16] Essa é uma forma um tanto preguiçosa de esperança, pois, assim como o cinismo, não exige nada de você. Tal segurança pode ser baseada na fé na natureza humana, em um líder carismático, nas forças do livre mercado, em Deus, no arco moral do universo que se curva lentamente em direção à justiça ou no poder supremo do amor. No cerne dessa visão otimista baseada em uma fonte externa de esperança, tudo acabará bem no final sem que você precise fazer muito para que isso aconteça.

Também é possível ter confiança em forças externas e desejar ainda assim fazer sua parte. Grandes mudanças são frequentemente o resultado cumulativo de incontáveis pequenos esforços individuais. O pensamento desmoralizante "que diferença eu vou fazer?" ignora essa contribuição progressiva de muitas escolhas pessoais, pequenas doações financeiras, voto, reciclagem ou atos aleatórios de bondade. A visão esperançosa que sustenta essa postura é a de cooperar e se juntar ao vigor das forças maiores em ação. É viver como se a possibilidade pela qual você espera já estivesse a caminho. "Seja a mudança que você deseja ver no mundo" é uma síntese de um ensinamento mais longo de Mahatma Gandhi, que termina com: "Não precisamos esperar para ver o que os outros farão". Michael Jackson capturou o mesmo espírito em sua canção "The Man in the Mirror", enfatizando que fazer do mundo um lugar melhor começa com a mudança de si mesmo.

Pessoas esperançosas são mais propensas a tentarem alcançar seus objetivos. Na reabilitação física, por exemplo, pacientes com níveis mais elevados de esperança recuperam mais funções e a capacidade de cuidar de si mesmos.[17] Não precisa ser um otimismo geral, que discuto no Capítulo 5. A confiança em sua capacidade específica de realizar uma tarefa particular prevê a conclusão dessa tarefa,[18] assim como a intenção declarada de fazê-la.[19] Sua própria esperança afeta o que você fará.

ESPERANÇA PELOS OUTROS

Além do que você deseja para si mesmo, você também sente esperança pelos outros. Em conversas cotidianas, as pessoas expressam esse desejo pelo bem-estar e felicidade de alguém:

> Espero que você faça uma ótima viagem.
>
> Que você durma bem esta noite.
>
> *Bon appétit!*
>
> Boa viagem!
>
> Espero que você melhore logo!

Dizer "merda!" a um artista prestes a subir ao palco é um desejo de sucesso, uma espécie de encantamento reverso que substitui o "boa sorte", que poderia ser supersticiosamente considerado um mau agouro. Declarações de esperança podem desejar o bem a outras pessoas apenas em benefício delas, como uma forma de apoio e afeto incondicionais.[20]

Observe que expressar esperança pelos outros pode implicar passividade. Quem espera pode não estar fazendo nada para tornar o desejo mais provável de se realizar e pode acreditar que não há nada que possa fazer. "Espero" em si não é uma oferta de ajuda, exceto talvez na forma de oração: "Eu espero e rezo..." ou "Eu rezo para que você...". É um tipo de esperança de baixo custo. Pensamentos e orações oferecidos em nome de alguém podem ser igualmente passageiros.

Esperanças benevolentes podem ser expressas por várias razões. Podem ser esperanças com algum benefício próprio, expressas com alguma expectativa de favor ou ganho pessoal em troca, ou podem transmitir verdadeira simpatia e um desejo pelo bem-estar do outro. A simpatia é sentir *por*, imaginando pelo que uma pessoa em sua situação deve estar passando. A atuação eficaz no teatro ou no cinema pode oferecer um vislumbre da emoção de outra pessoa e até evocar lágrimas de simpatia. Howard Thurman observou que "só posso simpatizar quando me vejo no lugar do outro".[21] Ainda assim, a simpatia é mais uma questão de imaginar do que de realmente experimentar a dor do outro. Uma compreensão mais profunda é a empatia — sentir *com* alguém, em vez de *por* alguém. Há uma conexão pessoal de experiência compartilhada, em vez de apenas imaginar como deve ser. Embora as respostas empáticas possam ser medidas de forma confiável por observadores,[22] a *experiência* da empatia ocorre em um relacionamento, em uma interação direta entre pessoas.

De qualquer forma, o que você espera para os outros de fato importa, e essa esperança envolve não apenas desejo, mas também expectativa de seu bem-estar. O efeito Pigmalião mencionado anteriormente pode ocorrer nos cuidados médicos e de saúde comportamental. O resultado de uma doença ou crise psicológica é moldado não apenas pela própria esperança da pessoa, mas também pela esperança de seus cuidadores.[23] A equipe de três programas residenciais de tratamento para alcoolismo foi informada de que, com base em testes psicológicos, alguns de seus pacientes tinham um alto potencial de recuperação do alcoolismo (HARP, de *high alcoholism recovery potential*) e provavelmente apresentariam uma melhora notável com o tratamento.[24] Quando a equipe avaliou cada paciente no momento da alta, relatou que os pacientes HARP tinham sido, de fato, significativamente mais motivados, pontuais, cooperativos e bem-apessoados, tendo se esforçado mais na recuperação e apresentado melhores prognósticos — uma previsão que se mostrou verdadeira. Durante o ano seguinte ao tratamento, os pacientes HARP tiveram menos episódios de recaída e períodos mais longos de abstinência, além de estarem mais propensos a conseguir empregos. No entanto, os pesquisadores guardavam um segredo. Sem o conhecimento da equipe, os pacientes identificados como HARP na verdade haviam sido escolhidos aleatoriamente, e não com base em testes psicológicos. A única diferença foi que a equipe foi levada a acreditar que os pacientes HARP tinham um potencial incomumente alto de recuperação.

As expectativas sobre os outros também podem ser prejudiciais. Pessoas em relacionamentos íntimos próximos têm esperanças e medos em relação a seus parceiros românticos. Por várias razões, algumas pessoas são particularmente sensíveis e preocupadas com o risco de serem rejeitadas. Estas pessoas sensíveis à rejeição têm maior probabilidade de terminarem seus relacionamentos amorosos. O que pode explicar isso? Um estudo com jovens casais que namoravam há apenas alguns meses incluiu uma conversa filmada de vinte minutos sobre uma questão do relacionamento em que havia desacordo. Os temas incluíam comprometimento, sexo, outras amizades e tempo juntos. As respostas verbais e não verbais de cada parceiro foram classificadas por meio de um sistema complexo de observação. Os comportamentos negativos durante essas discussões incluíam reclamações, críticas, negação de responsabilidade, tom de voz e expressões faciais negativas, bem como "leituras mentais"* adversas sobre as motivações ou o estado mental do parceiro. Para as mulheres, mas não para os homens, aquelas com alta sensibilidade à rejeição expressaram muito mais respostas negativas durante a conversa de conflito, e seus parceiros relataram sentir-se mais irritados com elas depois.[25] Em outras palavras, o medo de rejeição pode gerar uma negatividade antecipatória, que, por sua vez, convida à rejeição real. Por que a sensibilidade à rejeição previu comportamento negativo apenas para as mulheres? Não está claro, mas os autores especularam que o conflito em relacionamentos pode ter significados e importâncias diferentes para mulheres e homens.

As esperanças nem sempre são benevolentes, nem mesmo quando são voltadas para a própria pessoa. "Juro pela minha morte", por exemplo, é uma expressão que alude a uma consequência terrível para a desonestidade. Esperanças expressas podem refletir má intenção. Dependendo do tom de voz e dos sinais não verbais, palavras aparentemente de esperança podem

---

* N. de T. Tentar adivinhar o que o outro está pensando.

transmitir sarcasmo ("Que você curta bastante o que ganhou de maneira nada honesta") ou até mesmo ameaça ("Espero que tranque suas portas à noite"). Esperanças podem transmitir diretamente malícia, o desejo de que algo ruim aconteça a alguém ("Para a pessoa que roubou meus energéticos: espero que você não consiga dormir à noite"). Desejar a vitória do próprio time ou exército é esperar pela derrota ou destruição do outro.[26] Será que esses desejos malignos, como um feitiço ou maldição, realmente influenciam os resultados?

Em um artigo clássico de 1942, o fisiologista Walter Cannon (que cunhou o termo *resposta de luta ou fuga*) documentou relatos de mortes súbitas inexplicáveis em várias culturas primitivas logo após a vítima violar um tabu ou ser amaldiçoada por um xamã ou inimigo.[27] As vítimas rapidamente adoeciam e se enfraqueciam, embora nenhuma causa médica pudesse ser identificada. Tratamentos não surtiram efeito, e elas morreram em um ou dois dias após a maldição. Algumas simplesmente aceitaram que sua morte era inevitável e sucumbiram. Isso anulou ou substituiu seu desejo de viver. Para essas misteriosas mortes "de vodu", Cannon propôs uma explicação biológica que se manteve válida com as descobertas subsequentes da neurociência sobre hormônios e substâncias químicas do cérebro relacionadas ao medo, que podem desencadear arritmia cardíaca e colapso vascular.[28]

PROFECIAS AUTORREALIZÁVEIS

O termo *profecia autorrealizável* foi cunhado em 1948 por Robert Merton, um sociólogo americano, que afirmou que as pessoas "respondem não apenas aos fatos objetivos e às características de uma situação, mas também, e às vezes principalmente, ao significado que essa situação tem para elas. E uma vez que atribuem algum significado à situação, seu comportamento subsequente e algumas das consequências desse comportamento são determinados pelo significado atribuído".[29] Em outras palavras, o que elas fazem contribui para que isso se torne realidade. Esse processo ocorre em três etapas. Primeiro, com base em características superficiais, as pessoas desenvolvem percepções equivocadas dos outros que incluem expectativas de como eles irão se comportar. Profissionais com influência (como médicos, enfermeiros, professores e treinadores) também desenvolvem tais percepções e expectativas sobre aqueles sob seus cuidados. Em segundo lugar, consciente ou inconscientemente, o observador trata as pessoas de maneira diferente com base nessas expectativas. Por fim, as pessoas reagem de forma a confirmar as crenças iniciais do observador.[30] Os perceptores muitas vezes desconhecem como suas próprias ações influenciam o comportamento dos outros para confirmar suas crenças.[31] Por exemplo, ao suspeitar que uma ou várias pessoas têm má vontade em relação a ele, um homem testa sua suposição insultando ou provocando-as e, como esperado, elas respondem com hostilidade. Dessa forma, expectativas, ao modo de um vírus, podem se replicar em um indivíduo ou grupo, muitas vezes sem consciência, e resistir fortemente a esforços para eliminá-las.[32]

Além de qualquer mudança real no comportamento do outro, as expectativas também podem distorcer sua *interpretação* das ações de uma maneira que confirma suas expectativas, mesmo na ausência de evidências reais. Por exemplo, o que aconteceria se pessoas normais que nunca receberam um diagnóstico mental ou sofreram de sintomas patológicos fossem admitidas em um hospital psiquiátrico como pacientes? Elas seriam avaliadas como mentalmente sãs? Em um estudo clássico,[33] oito homens e mulheres sem histórico de diagnósticos mentais apresentaram-se para avaliação em 12 hospitais psiquiátricos de cinco estados diferentes dos EUA, usando um nome e ocupação falsos. Eles reclamavam de ouvir vozes que diziam as palavras *vazio*, *oco* ou *baque*. Fora isso, relataram sua história de vida real e experiências. Todos foram prontamente admitidos, após o que imediatamente pararam de simular quaisquer sintomas de anormalidade e se comportaram como normalmente fariam. Conversavam com pacientes, mantinham publicamente anotações de suas experiências e, quando a equipe perguntava como estavam se sentindo, diziam que estavam bem e não estavam ouvindo vozes. Comportamentos comuns foram interpretados pela equipe como patológicos. Por exemplo, fazer fila cedo para uma refeição foi interpretado como ilustrando a natureza "oral-aquisitiva" da esquizofrenia. Caminhar no corredor foi visto como ansiedade. Fazer anotações foi considerado paranoico. Após variados períodos de tempo se comportando normalmente, todos foram liberados como "esquizofrênicos em remissão".

Existem paralelos modernos com as mortes de vodu em que previsões negativas geram resultados graves? A declaração de um prognóstico médico é uma possibilidade de profecia autorrealizável. Assim como o anúncio de um bom (embora fictício) prognóstico para os pacientes HARP prenunciava sua recuperação, ser informado de que há pouca ou nenhuma esperança de recuperação pode levar a uma aceitação passiva, mesmo que a suposição seja falsa. Quando pacientes sofrem um acidente vascular cerebral (AVC) hemorrágico, por exemplo, famílias e profissionais de saúde podem enfrentar a decisão de suspender o suporte médico para manter a vida. A percepção de prognóstico ruim e inutilidade do cuidado pode guiar a decisão de retirar o suporte de vida, e a morte resultante confirma o prognóstico.[34] No entanto, algumas pessoas que sofrem AVCs devastadores sobrevivem e recuperam funções. Eis aqui uma situação em que as probabilidades estatísticas baseadas na experiência (Capítulo 3), bem como os desejos e expectativas dos envolvidos, podem contribuir para os desfechos.

Um lado sombrio do efeito Pigmalião é que previsões malignas sobre o futuro de alguém também podem se tornar autorrealizáveis. Quando adolescente, Malcolm X teve uma conversa marcante com um professor de ensino médio sobre suas opções de carreira. Ao expressar interesse em se tornar advogado, foi informado de que isso não era uma possibilidade realista para um homem negro. "Quanto mais eu pensava depois sobre o que ele disse, mais inquieto aquilo me deixava. Continuava remoendo em minha mente." Em contraste, estudantes brancos com notas mais baixas que as de Malcolm foram incentivados pelo mesmo professor a seguir seus sonhos. "Foi então que comecei a mudar — por dentro. Afastei-me das pessoas brancas. Ia para a aula e só respondia quando era chamado... Ninguém, nem mesmo os professores, conseguia entender o que tinha acontecido comigo."[35] Ele desistiu de seu desejo de se tornar advogado e derivou para uma vida de roubo e arrombamento, que mais tarde chamaria de "do mal". Quando foi preso aos 20 anos, foi condenado a 10 anos de prisão, onde ganhou o apelido de "Satanás". Existem inúmeras histórias assim, nas quais a identidade de alguém pode subitamente mudar e cristalizar-se no lado sombrio.[36]

Expectativas autorrealizáveis também ocorrem em nível social. Um boato falso de que um banco está prestes a falir cria uma demanda de saques que pode fazer com que a crença anteriormente falsa se torne realidade.[37] Previsões de escassez de um produto (como papel higiênico) desencadeiam compras em massa que esvaziam as prateleiras das lojas. Isso pode ocorrer em ambas as direções. A confiança do consumidor estimula o consumo, confirmando percepções de uma economia forte.

O QUE VOCÊ QUER É O QUE VOCÊ VÊ

Como discutido até agora neste capítulo, o que você espera pode influenciar o que realmente acontece. Além disso, o que você deseja também influencia o que verá ou deixará de ver. Todos os dias você encontra muitos tipos de informação às quais pode dar atenção ou ignorar, lembrar ou esquecer, e interpretar como desejar. Pessoas com autismo ou lesão cerebral traumática podem ter dificuldade em filtrar o excesso de estímulos, mas normalmente o cérebro descarta informações potencialmente irrelevantes, permitindo que você se concentre melhor no que importa.

Parte desse filtro cerebral de informações dos olhos, ouvidos e outros órgãos sensoriais é programado e automático. Outra parte, no entanto, é uma seleção motivada, uma percepção desejosa, por assim dizer. Suas esperanças e medos também filtram o que você vê — o que você notará e lembrará, além de como interpretará o que experimenta. Parte desse processo de seleção é consciente. Podemos estar ao menos parcialmente cientes de um viés de confirmação ao escolher dar mais atenção a certas fontes de notícias, livros e pessoas que confirmam o que já acreditamos e evitar informações que contradigam nossas opiniões atuais. Além desse filtro deliberado de informações, está bem documentado que o viés de confirmação pode operar sem nossa consciência.[38]

Um famoso exemplo de cegueira por atenção seletiva é um vídeo de 75 segundos feito para um estudo na Universidade Harvard que se tornou viral na internet.[39] No vídeo, há dois times com três jogadores cada, um vestindo camisetas brancas, e o outro, camisetas pretas. Ambos os times têm uma bola de basquete que passam uns aos outros, seja pelo ar ou com um quique. Os dois times simultaneamente driblam e passam suas bolas de basquete enquanto se entrelaçam, e a tarefa do observador é prestar atenção e contar quantas vezes os jogadores de camisetas brancas passam a bola entre si. (Em uma versão mais difícil, eles tentam contar separadamente os passes aéreos e os de quique). Após relatar suas contagens, os observadores do estudo foram questionados se haviam notado algo incomum no vídeo. O evento inesperado de 5 segundos é uma mulher vestindo um traje completo de gorila, que casualmente entra no meio dos jogadores, vira-se para a câmera, bate no peito e depois sai de cena enquanto os passes de bola continuam ao seu redor. Cinquenta e seis por cento dos que assistiram ao vídeo não notaram o gorila; essa porcentagem aumenta entre aqueles que se concentraram na tarefa mais difícil de contar os passes aéreos *versus* os de quique. O que estamos procurando é o que tendemos a ver.

Como o cérebro decide no que focar e o que ignorar? Dois sistemas cerebrais motivacionais muito antigos e fortes sinalizam que você se aproxime daquilo que vê ou o evite.[40] O primeiro pode ser chamado de sistema de esperança, que busca e se aproxima do que acredita ser bom. Pense na imagem familiar de duas pessoas correndo em direção uma à outra, ansiosas para se reencontrar. O outro sistema protetor o impulsiona a evitar e fugir do que é ruim e perigoso. Esses sistemas têm valor óbvio para a sobrevivência — encontrar alimento nutritivo e evitar predadores. Cada indivíduo pode

> Você é mais inclinado a buscar o prazer desejado ou a evitar possíveis riscos e danos?

ser predisposto a ser mais impulsionado por um desses sistemas do que pelo outro. Algumas pessoas são mais inclinadas a buscar recompensa e prazer, talvez sem dar a devida atenção aos riscos associados. Outras são altamente motivadas a evitar danos e tendem a ser preocupadas, ansiosas com a possibilidade de coisas ruins acontecerem a elas, mais cautelosas e inibidas. A motivação evitativa pode ser o resultado compreensível de experiências traumáticas.

A motivação evitativa parece particularmente propensa a enviesar a percepção. Pessoas com alta motivação evitativa tendem a ser hipervigilantes em relação ao possível perigo, focando seletivamente[41] e lembrando-se de informações negativas.[42] Elas também tendem a interpretar informações neutras ou ambíguas como potencialmente ameaçadoras.[43] Será que aquelas sobrancelhas levantadas sinalizavam atração ou desaprovação?

Além da disposição de personalidade, vemos mais frequentemente o que queremos ver. Participantes em um estudo de degustação foram sentados em uma mesa com dois copos de 240 mL de bebida à sua frente. Um copo continha suco de laranja espremido na hora e o outro um *smoothie* de vegetais verde, espesso, de aspecto desagradável e com um odor fétido. Eles foram convidados a cheirar ambos os copos e informados de que beberiam um deles. O computador à sua frente decidiria aleatoriamente qual copo de bebida eles beberiam, mostrando um número entre 1 e 26 ou uma letra do alfabeto. Um número significava suco de laranja, e uma letra, o *smoothie* verde (ou vice-versa). O computador então exibia brevemente um caractere ambíguo que poderia ser visto como um "B" ou como um "13". Qualquer que fosse o símbolo que significasse suco de laranja, foi o que 82% dos participantes disseram ver.[44] Diante da ambiguidade, somos mais propensos a ver o que esperamos ver.

OFERECENDO ESPERANÇA

Por fim, o desejo pode criar esperança, e a esperança nos incentiva a agir.[45] Testemunhar diretamente o sofrimento é uma motivação comum para buscar, com compaixão, maneiras de curar ou aliviar adversidades médicas, psicológicas e sociais. Minha primeira experiência com o vício foi enquanto um jovem estagiário de psicologia em uma ala de tratamento de alcoolismo para veteranos militares. Sabendo quase nada sobre o assunto, passei o verão ouvindo os pacientes (todos homens na época) descreverem como suas vidas haviam gradualmente se entrelaçado e sido destruídas pelo álcool. Isso se tornou o foco principal de minha carreira, e, no início, colegas perguntavam por que eu escolheria dedicar minha vida a uma condição tão sombria e sem esperança. Logo aprendi que seus estereótipos estavam equivocados, e agora digo que passei 50 anos tratando e pesquisando vícios precisamente porque os resultados são tão *positivos*. Na verdade, a maioria das pessoas se recupera, e você não precisa de testes psicológicos sutis para perceber a diferença. A previsão maligna e circular é simplesmente falsa: a de que você precisa deixar as pessoas "chegarem ao fundo do poço" e sofrerem o suficiente antes de se sentirem motivadas a fazer algo.[46] Não fazemos isso com câncer, doenças cardíacas, depressão ou muitas outras condições recorrentes, nas quais a prevenção e o tratamento precoce são eficazes. O reconhecimento da síndrome metabólica de *pré-diabetes* promoveu a identificação precoce e a intervenção antes que o diabetes cause suas graves consequências e incapacidades. Um chamado para reconhecer o uso nocivo de substâncias possui potencial semelhante para reduzir o sofrimento e a mortalidade relacionados ao uso de álcool e outras drogas.[47]

Quando alguém não tem esperança, você pode emprestar um pouco da sua — qualquer que seja a forma de esperança que você possa oferecer e que possa ajudá-lo.[48] Não se trata tanto de instalar esperança quanto de evocá-la, de chamá-la à superfície.[49] A esperança há muito é reconhecida como um ingrediente vital na cura e mudança, e é uma característica bem documentada dos ajudantes mais eficazes.[50] Pessoas com alta esperança geralmente têm mais objetivos, estabelecem objetivos mais desafiadores para si mesmas, são mais felizes e menos angustiadas, e se recuperam melhor e mais rápido.[51] Questione suas suposições sobre o que alguém não consegue fazer.[52] Quando as pessoas parecem presas na desesperança, compartilhe sua visão do que é possível, assim como seu próprio desejo por sua felicidade e bem-estar. A esperança é um lugar onde vocês podem sentar-se juntos no limiar do que pode vir a ser.

Em resumo, o desejo é um bom ponto de partida para a esperança, uma motivação para fazer algo. Quais resultados você quer? Escolha um objetivo que seja importante para você e em direção ao qual você possa agir. O que você poderia fazer e contribuir em direção a essa esperança que é importante para você?[53] O desejo sozinho não é suficiente, mas é um bom começo e um componente essencial da esperança.

LEVANDO PARA O PESSOAL: DESEJO

- Você consegue lembrar de uma ocasião em que foi um Pigmalião para alguém? Quando sua própria esperança ou crença em alguém ajudou a transformar um sonho em realidade?

- Quem, em sua própria vida, desempenhou o papel de Pigmalião para você, enxergando um potencial que você mesmo não via?
- Pense em algo que você espera realizar. Nesta escala de 10 pontos, quão *importante* você diria que é para você fazer isso?

0	1	2	3	4	5	6	7	8	9	10
Nem um pouco importante										Extremamente importante

- E quão *confiante* você está de que será capaz de fazer isso se decidir fazê-lo?

0	1	2	3	4	5	6	7	8	9	10
Nem um pouco confiante										Completamente confiante

- Por fim, quanto você *deseja* realmente realizar isso?

0	1	2	3	4	5	6	7	8	9	10
Nem um pouco										Demais

- O que esses três números dizem sobre sua *esperança* de alcançar esse objetivo?

3
Probabilidade

Estou sempre esperançoso, mas sou realista.
— Jonathan Capehart[1]

A esperança é o sentimento que você tem de que o que você está sentindo não é permanente.
— Jean Kerr

Quando fui diagnosticado com câncer de próstata em estágio inicial, o oncologista revisou as várias alternativas disponíveis para mim e perguntou com qual delas eu me sentia mais confortável para o próximo passo. Uma das opções era "observar e esperar" para ver como o câncer progrediria. Minha pergunta natural foi: "O que a ciência diz sobre o que seria melhor para mim?". Eu queria basear minha decisão de saúde nas melhores evidências disponíveis, e a resposta do médico me surpreendeu: "Não há pesquisas suficientes para ter certeza". O quê? Depois dos cânceres de pele, esse é o tipo mais comum de câncer em homens, e não sabemos nem o que recomendar? Eu sei como ler e conduzir ensaios clínicos, então fui à biblioteca médica e descobri que era verdade. Na época, consegui encontrar apenas dois grandes ensaios controlados que comparavam diferentes tratamentos para o câncer de próstata. O melhor dos dois estudos vinha da Escandinávia, onde os resultados de saúde são bem documentados, e mostrava basicamente que a cirurgia era uma escolha melhor para homens com menos de 65 anos, enquanto se você tiver mais de 65, é provável que outra coisa o leve antes. Optei pela cirurgia e, 14 anos depois, ainda estou livre do câncer. Não sei se estou livre de ter uma recorrência, mas estou satisfeito com a decisão que tomei anteriormente. Prefiro considerar as evidências disponíveis ao fazer escolhas. Como disse certa vez W. Edwards Deming: "Em Deus nós confiamos. Todos os outros, por favor, tragam dados".

Quando o futuro é incerto, uma pergunta razoável a se fazer é "quão esperançoso eu deveria estar?". Essa questão aponta para outra maneira de pensar sobre a esperança, que é a probabilidade (ou seja, as chances de um evento específico ocorrer). Algumas ocupações se concentram em estimar a probabilidade de certas coisas acontecerem com base em fatos conhecidos. *Bookmakers* definem as probabilidades do resultado de eventos esportivos, como partidas de futebol e corridas de cavalos; agências de relacionamento e algoritmos de computador tentam prever a compatibilidade entre pessoas. Testes de aptidão são projetados para antecipar o desempenho de indivíduos em cursos ou profissões específicas, e pesquisadores de opinião tentam prever o resultado de eleições. Meteorologistas e analistas do mercado financeiro tentam prever o clima e as tendências econômicas, enquanto médicos e atuários são solicitados a estimar o tempo de vida das pessoas. Quando estamos prestes a ter esperança, algo que naturalmente queremos saber é: "Quais são as chances de acontecer?".

> Qual é o seu estilo pessoal ao lidar com ansiedade ou uma possível ameaça? Você tende a evitar e tentar esquecer ou prefere prestar atenção e aprender tudo o que puder sobre ela?

Na verdade, as pessoas diferem em relação ao quanto querem saber diante da incerteza. Alguns de nós gostam de descobrir o máximo possível antes de tomar uma decisão, enquanto outros ficam satisfeitos com informações suficientes para fazer uma escolha *adequada*. Essas preferências podem se aplicar até mesmo a questões menores, como comprar uma peça de roupa. Quantas opções você quer considerar antes de decidir? Os riscos podem ser ainda mais altos quando a incerteza é angustiante. Ao considerar um procedimento médico, como uma cirurgia, algumas pessoas querem saber todos os detalhes com antecedência, talvez até assistir a uma demonstração em vídeo, enquanto outras preferem não saber: "Apenas me apaguem e façam o que for necessário".[2]

PREVENDO O FUTURO

Uma base para antecipar o futuro é aquilo que você próprio já experimentou no passado. A esperança baseada na experiência é uma parte fundamental do aprendizado. O fisiologista russo Ivan Pavlov ganhou um prêmio Nobel em 1904 ao demonstrar o condicionamento clássico em um experimento com cães: se ele tocava uma campainha antes de alimentá-los, logo os cães começavam a salivar ao simples som da campainha. Se você tem animais de estimação, provavelmente já testemunhou o comportamento deles em antecipação à comida, à sua chegada em casa ou a um passeio. Com base na experiência, desenvolvemos expectativas sobre como certas pessoas se comportarão e passamos a antecipar, até mesmo a confiar, na consistência delas. Quando alguém tem sido consistentemente gentil com você, é natural esperar, ou até ter como garantido, que essa pessoa continue assim. Vocês domesticaram um ao outro. Uma repreensão de alguém assim pode ser um choque e ser particularmente dolorosa. Temos a responsabilidade de sermos gentis com aqueles que domesticamos.[3]

Além de sua experiência pessoal, há as probabilidades matemáticas baseadas em dados. Dadas todas as evidências disponíveis, qual é a probabilidade de cada um dos vários resultados possíveis? Probabilidades são uma maneira de julgar quão *realista* é uma esperança. Às vezes, elas são diretas. Em um lançamento de moeda, a chance de dar cara é de 50%. Conseguir 10 caras seguidas é possível, mas altamente improvável; na verdade, há menos de uma chance em mil. Agora, suponha que você tenha acabado de lançar uma moeda nove vezes, e em todas elas saiu cara. Supondo que seja uma moeda imparcial, quais são as chances de que a próxima jogada resulte em coroa? A resposta, claro, ainda é de 50%. Pode parecer que agora a coroa está "atrasada" depois de nove caras, mas a chance permanece 50/50. As jogadas anteriores não têm efeito algum sobre o resultado da décima jogada. Continua a ser um evento aleatório. A clássica falácia do apostador é acreditar que um evento aleatório será mais (ou menos) provável de ocorrer com base no resultado de eventos anteriores.

Adivinhar o que as *pessoas* farão é muito mais complexo, embora nosso comportamento seja na verdade mais previsível do que gostaríamos de acreditar.[4] Em contraste com o lançamento de moedas, um princípio psicológico comprovado é que o comportamento passado prediz o comportamento futuro. Pelo menos em uma situação semelhante, é provável (embora não certo) que as pessoas se comportem como antes. Se você atuar em um júri, poderá ser chamado a decidir, além de qualquer dúvida razoável, com base nas evidências, se alguém cometeu o crime do qual é acusado, e delitos anteriores podem ser considerados, caso o juiz permita. Conselhos de liberdade condicional tentam prever o quão perigoso um delinquente pode ser para a sociedade se for libertado. No entanto, prever a periculosidade futura é muito difícil, embora tais previsões sejam frequentemente usadas para influenciar decisões vitais nos sistemas de justiça criminal, inclusive em casos de pena de morte.[5] Em uma declaração de 2017 sobre a avaliação do risco de violência, a American Psychiatric Association reconheceu: "Embora psiquiatras possam frequentemente identificar circunstâncias associadas a uma maior probabilidade de comportamento violento, eles não podem prever a periculosidade com precisão definitiva".

Um problema é que, ao tentar prever eventos relativamente infrequentes, na maioria das vezes você provavelmente estará errado. Mesmo que até um terço dos infratores anteriores cometa um novo crime, uma previsão de reincidência estará errada em duas de cada três vezes. Outro obstáculo é que as definições de periculosidade podem ser vagas.[6] Prever a recorrência de uma ofensa específica, como dirigir embriagado, pode ser um pouco mais preciso ao se utilizar fatores de risco objetivos em vez de julgamentos pessoais.[7] Há uma longa história de estudos mostrando que a previsão atuarial, baseada em dados objetivos, é mais precisa do que o julgamento de especialistas humanos.[8] Mesmo quando um sistema de inteligência artificial "observa" os clínicos para entender como eles fazem julgamentos, a máquina será então mais precisa ao prever casos futuros do que o próprio clínico de quem ela aprendeu.[9] Como isso é possível? A máquina aplica as regras de decisão abstraídas com total consistência, sem ser influenciada por fatores subjetivos, simpatia ou o que comeu no café da manhã. Além da precisão, os julgamentos sobre periculosidade também são eticamente complexos, equilibrando considerações humanas individuais com a segurança social.[10] Quão grave foi a ofensa? Qual *é* o nível aceitável de risco?

Sob condições de incerteza, tendemos a formar impressões sobre o que é provável que aconteça e então tomamos decisões com base nessas suposições.[11] O julgamento humano nessas questões é notoriamente falho, devido aos vieses cognitivos.[12] Por exemplo, as primeiras impressões e a tomada de decisões podem ser influenciadas por processos mentais automáticos que operam abaixo do nível de consciência. Um exemplo óbvio (embora menos perceptível para nós quando estamos no meio da formação de impressões) é a nossa tendência a ter um viés em favor de pessoas altas e atraentes. Na maioria das eleições presidenciais dos Estados Unidos, o candidato maior. Malcolm Gladwell chamou isso de "erro Warren Harding", em homenagem ao candidato alto e de boa aparência que, em 1920, foi eleito para o mais alto cargo nos Estados Unidos.[13] Harding parecia "presidencial" à primeira vista, mas revelou-se um dos ocupantes mais incompetentes da Casa Branca. Este é um exemplo do *efeito halo*, um viés bem demonstrado em nossa percepção e julgamento. Ter algumas informações positivas ou negativas sobre alguém tende a generalizar-se para suas características desconhecidas.[14] Podemos negligenciar ou sequer perceber aspectos negativos de alguém de quem gostamos ou a quem amamos, e o oposto também é verdadeiro: descartamos atributos positivos de pessoas de que não gostamos. As primeiras impressões também podem ser enviesadas por experiências recentes. Estimativas sobre taxas de divórcio são influenciadas pela facilidade com que exemplos vêm à mente, e o humor recente afeta a favorabilidade dos julgamentos.[15] As previsões das pessoas sobre o clima podem variar dependendo de estarem em um estado de humor radiante ou sombrio.

De fato, a própria esperança tende a enviesar nosso julgamento,[16] assim como o medo.[17] Nosso otimismo sobre a ocorrência de algo é influenciado por muitos fatores. Prestamos atenção constantemente a qualquer nova informação sobre a probabilidade de eventos, até em conversas comuns. Suponha que você peça a um amigo para fazer algo, talvez ajudá-lo a se mudar para uma nova residência. Você observará e ouvirá com atenção a resposta do amigo ao seu pedido, tanto as palavras ditas quanto as expressões faciais, os gestos e o tom de voz. Por quê? Porque esses elementos contêm informações sobre a probabilidade de você receber ajuda.

Como cada uma das respostas a seguir influenciaria seu sentimento de esperança? Consegue sentir sua esperança aumentando ou diminuindo com cada uma delas?

> Eu gostaria de ajudar.
> Talvez eu consiga ajudar.
> Estou disposto a ajudar.
> Gostaria de poder ajudar.
> Provavelmente você vai precisar de ajuda.
> Espero poder ajudar.
> Lembro que você já me ajudou antes.
> Eu vou ajudar.
> Prometo que vou ajudar.

Essas declarações fornecem pistas sobre quão esperançoso você deve estar de que a pessoa realmente irá ajudar.[18] Elas também abrem espaço para alguma negociação em direção a um acordo. Quando você se sente esperançoso ou gostaria de se sentir assim, está avaliando o quão realista é sua expectativa, o quão provável é que ela se concretize. Suas suposições flutuam à medida que você recebe novas informações, como as declarações acima.

As perspectivas que você percebe cairão em algum ponto entre zero e certeza em uma escala mental como esta:

| Impossível | Improvável | Possível | Provável | Certeza absoluta |

ESPERANÇA E PROGNÓSTICO

Em cuidados de saúde, a esperança é chamada de *prognóstico* — expectativas sobre o futuro baseadas no que se sabe sobre a condição. Diagnósticos, por si só, podem afetar a esperança. Pode ser reconfortante ter um nome para o que você está sofrendo, proporcionando uma sensação de que ao menos alguém entende o que é, como se conhecer o nome de um demônio ajudasse a exorcizá-lo. Ao mesmo tempo, um rótulo diagnóstico pode transmitir uma sensação de fatalidade, dependendo do que sabemos e acreditamos sobre a condição. Durante muitos anos, as pessoas evitavam até mesmo dizer a palavra *câncer*, e até hoje isso pode evocar medo. Contrariando a impressão pública de declínio contínuo, a maioria das pessoas diagnosticadas com dependência de álcool/drogas ou esquizofrenia melhora significativamente com o tempo,[19] e a própria esperança pode contribuir para essa recuperação.[20] No início de sua história, a pandemia de covid-19 provocou medo em escala global e mudanças dramáticas no comportamento. Com a chegada de vacinas e tratamentos eficazes, o medo diminuiu, assim como o uso de medidas de proteção.

Em condições de longo prazo, em que recorrências são normais, como um retrocesso afeta a esperança? Mais uma vez, isso está ligado às expectativas. Em uma doença crônica como asma, hipertensão ou depressão, as recorrências de sintomas são esperadas. Não se espera que um paciente *nunca* mais tenha um episódio asmático, pressão alta ou humor deprimido. Na minha própria área de tratamento de dependência, a recorrência de sintomas também é bastante comum, mas ironicamente, muitas vezes é interpretada como um fracasso ("recaída"), o que pode minar a esperança.[21] Pensar em termos tão radicais de "tudo ou nada" é enganoso. Em um estudo com mais de oito mil pessoas tratadas para transtornos relacionados ao uso de álcool, primeiramente contabilizamos aquelas que se abstiveram completamente de álcool por 12 meses ou mais.[22] Por esse critério, a taxa média de sucesso do tratamento foi de 24%, mas como ficam todos os demais que, em uma curva de sobrevivência estatística, seriam classificados como reincidentes? Para os três quartos restantes, o consumo de álcool havia diminuído em 87% durante o ano após o tratamento e os problemas relacionados ao álcool reduziram em 60%. Para qualquer doença crônica como diabetes, esse resultado seria considerado um sucesso notável: 24% de remissão completa, e para os demais uma redução de 87% no sintoma principal. Ninguém calcula "taxas de sucesso" ao tratar diabetes ou doenças cardíacas. Um bom desfecho de tratamento ao longo do tempo é ter menos sintomas e sintomas mais leves, separados por períodos de remissão progressivamente mais longos.

Dediquei boa parte da minha carreira a desenvolver e avaliar tratamentos para condições psicológicas comuns e recorrentes, como depressão, ansiedade e dependências. Quando as pessoas buscam tratamento para essas doenças, para si mesmas ou para um ente querido, muitas vezes não sabem nem por onde começar. Procurar ajuda na internet (ou, antigamente, na lista telefônica) pode gerar uma variedade desconcertante de opções. Minha recomendação pessoal tem sido buscar tratamentos mais fortemente respaldados por evidências científicas, embora isso, em si, seja uma questão complexa.[23] A maioria das pessoas, assim, tende a confiar que os profissionais de saúde estão atualizados com a literatura científica.

No entanto, nossos desejos influenciam as evidências que consideramos e em que acreditamos. O constante viés de confirmação cognitivo faz com que seja mais confortável ouvir informações que confirmam o que já acreditamos e desconsiderar verdades inconvenientes. Esta semana, ouvi um sermão de um fumante com fortes convicções sobre o tipo de sal marinho mais saudável e a importância de usar açúcar em vez de adoçantes artificiais. Somos rápidos em perdoar nossas próprias incoerências. Nas pausas para o café em conferências, eu pego um refrigerante *diet* e um biscoito com gotas de chocolate, assegurando-me vagamente de que eles se anulam.

FALSA ESPERANÇA

O que é falso sobre a esperança?[24] Sob a perspectiva racional da probabilidade, faz sentido falar sobre *falsa* esperança. Existem muitas situações em que, com base nas evidências atuais, há pouco motivo para confiança, e a esperança pode ser considerada irrealista de um ponto de vista estatístico. Charlatões oferecem imagens tentadoras de esperança para promover produtos, serviços ou investimentos especulativos sem evidências legítimas.[25] Bernie Madoff levou bilhões de investidores no maior esquema de Ponzi já registrado, e Elizabeth Holmes construiu sua empresa de US$ 9 bilhões, a Theranos, com a promessa fraudulenta, mas atraente, de realizar exames de sangue completos a partir de uma única gota de sangue.

O conceito de "negação" sugere manter uma esperança irrealista. Recusar-se a aceitar uma realidade chocante é uma reação comum, até normal, diante de novas informações, como o diagnóstico de uma doença terminal.[26] Pode levar tempo para se adaptar a uma nova realidade. Ouvir sobre tratamentos alternativos pode reforçar a esperança para aqueles em condições de risco de vida.[27] Um desejo desesperado por esperança pode tornar as pessoas vulneráveis a charlatões que comercializam caminhos para a esperança sem respaldo científico sólido.

Por outro lado, não existe falsa esperança. A racionalidade preditiva baseada em evidências é apenas uma faceta da rica experiência humana da esperança, que também pode ser um sentimento, uma intuição, um anseio, uma convicção ou uma questão de confiança e fé. Quem, então, pode dizer que a esperança de alguém está errada ou equivocada? As coisas parecem impossíveis até que se tornem possíveis: o direito das mulheres ao voto, a paz na Irlanda do Norte e o casamento entre pessoas do mesmo sexo. Nunca sabemos com certeza quais esperanças são falsas, incluindo as nossas próprias.[28] O 148º Kentucky Derby foi realizado no Churchill Downs em maio de 2022. O cavalo líder mudou várias vezes durante a corrida acelerada, e aqueles que apostaram no cavalo Rich Strike para vencer estavam apostando contra probabilidades de 80 para 1, com pouca razão racional para ter esperança. No entanto, essa entrada de última hora no campo de

20 cavalos saiu de trás e correu próximo à cerca para uma das maiores viradas na história do Derby. Às vezes, o aparentemente impossível realmente acontece.

A verdade de que a esperança pode perdurar e nos sustentar contra todas as probabilidades, para o bem ou para o mal, está no cerne de inúmeras histórias, tanto fictícias quanto reais.[29] Em *Moby Dick*, de Herman Melville, o Capitão Ahab persiste na busca esperançosa por uma baleia branca, para sua própria desgraça e de todas as pessoas, exceto uma, da sua tripulação. A sobrevivência heroica no oceano é o tema da história *O velho e o mar*, de Ernest Hemingway, o que também ocorre na vida real. Tentando uma viagem de quatro mil milhas de vela de Taiti a San Diego, Tami Oldham Ashcraft acordou no mar após ser nocauteada por um ferimento na cabeça durante um furacão, tendo seu noivo desaparecido e aparentemente afogado. Com os mastros quebrados e as velas destruídas, ela ficou à deriva sozinha por 41 dias até ser avistada e resgatada no Havaí.[30] O pescador mexicano José Salvador Alvarenga sobreviveu por incríveis 438 dias à deriva por seis mil milhas no Oceano Pacífico depois que o motor de sua pequena embarcação foi destruído em uma tempestade.[31]

> Você apostaria em um tratamento caro, com uma taxa de cura de 5% e riscos próprios que ameaçam a vida, ao enfrentar uma doença que, provavelmente, o levará ao óbito? Qual seria a escolha "racional"? Esse é o tipo de dilema visto em séries médicas e em hospitais da vida real.

FALSA DESESPERANÇA

Assim como a esperança pode ser infundada de uma perspectiva racional, o mesmo pode ocorrer com a desesperança. Um traço de personalidade estudado há muito tempo, chamado de *lócus de controle*, refere-se à tendência de uma pessoa acreditar que o que lhe acontece é determinado geralmente por suas próprias ações (lócus interno) ou por fatores além de seu controle, como destino ou sorte (lócus externo).[32] Pessoas com lócus de controle externo têm menor probabilidade de adotar medidas protetivas, como adquirir seguro contra desastres,[33] aceitar vacinas,[34] ou até procurar abrigo durante um alerta de tornado.[35] Aqueles com lócus externo também são menos propensos a adotar práticas de proteção ambiental de longo prazo, como reciclagem,[36] conservação do solo,[37] ou esforços para reduzir o aquecimento global.[38] Pessoas com baixa esperança têm maior probabilidade de assumir riscos com decisões financeiras,[39] uso de substâncias,[40] e comportamento sexual.[41] Em essência, a crença subjacente é "não há nada que eu possa fazer", "o que eu faço não fará diferença", ou "o que será, será".

Há um aspecto autodestrutivo nessas crenças fatalistas. Não tomar ações de proteção convida às consequências naturais, confirmando assim a impotência como uma profecia autorrealizável.[42] O risco oposto é persistir por tempo demais em esforços para mudar o que é genuinamente imutável. Em sua famosa "oração da serenidade", dos anos 1930, Reinhold Niebuhr escreveu: "Dê-nos coragem para mudar o que deve ser mudado, serenidade para aceitar o que não pode ser mudado, e discernimento para saber a diferença entre um e outro". A oração foi posteriormente reorganizada, colocando "serenidade" primeiro, e continua a ser amplamente utilizada em grupos de 12 passos, como o Alcoólicos Anônimos, nesta forma mais familiar:

> Deus, conceda-me a serenidade para aceitar as coisas que não posso mudar,
> coragem para mudar as coisas que posso,
> e sabedoria para distinguir umas das outras.

A oração busca traçar um caminho saudável entre a falsa esperança e a falsa desesperança.

Um tema recorrente neste livro é que a esperança não apenas antecipa, mas também molda o futuro. Pessoas mais esperançosas têm mais chances de subsequentemente conquistar coisas tão concretas quanto desempenho esportivo e uma média de notas universitárias mais alta. O nível de esperança de uma pessoa prevê seu desempenho real, além de sua habilidade natural, conforme avaliada por professores.[43] Estimar probabilidades é apenas uma faceta da esperança. É natural considerar as chances, mas a esperança humana tem dimensões que vão além das probabilidades.

O QUE A ESPERANÇA NÃO É

Por fim, vamos considerar algumas coisas que a esperança não é, pelo menos não necessariamente. Primeiro, esperança não é negação, ou seja, recusar-se a reconhecer a realidade. Muitas vezes, a esperança persiste apesar das probabilidades, sendo um testemunho contra o estado das coisas. Perdoar não exige que você esqueça o que aconteceu ou que considere que foi aceitável. Se você esquecesse ou realmente pensasse que o que a pessoa fez estava certo, não haveria necessidade de perdoar. O perdão é escolhido com plena consciência, muitas vezes com esperança de um futuro melhor.[44] Perto do final da Guerra do Vietnã, algumas celebrações foram organizadas para marcar o fim da guerra, mesmo que o fim não estivesse à vista. Não foram realizadas porque os participantes acreditavam falsamente que a guerra havia acabado. Eles estavam vivendo como se ela tivesse chegado ao fim, como um testemunho esperançoso de que chegaria. Esperança não é negação da realidade atual.

Em segundo lugar, esperança não é o mesmo que aceitação, aquiescência ou inação. Dizer "eu só espero que..." pode parecer passividade, mas não necessariamente.[45] Ao contrário, a esperança pode sustentar esforços persistentes para a mudança, e tal ação é em si uma forma de esperança (Capítulo 8). A promessa da esperança não reside em uma forma particular, mas nas variedades disponíveis ao espírito humano.

Finalmente, esperança não é necessariamente baseada em evidências. Embora as evidências estatísticas possam ser bases para o encorajamento, são apenas um dos fatores que entram em jogo quando enfrentamos a incerteza. Para algumas pessoas e em certas situações, a probabilidade pode ser a consideração principal: "Quais são as minhas chances?". Para outras, mesmo o menor vislumbre de possibilidade é suficiente. "Se houver *qualquer* chance, eu tentarei." As pessoas compram bilhetes de loteria, mesmo que a probabilidade de ganhar um prêmio seja uma em centenas de milhões. Também variamos em nossa tolerância ao risco. Algumas pessoas evitam até perigos mínimos, como serem atacadas por um tubarão ao entrar no mar. Outras se arriscam em jogos ou hábitos ameaçadores à vida. A probabilidade é apenas uma consideração, uma faceta do fascinante diamante da esperança. Às vezes lamentei as escolhas de vida de um filho e conheço bem o princípio de que o comportamento passado é o melhor preditor do comportamento futuro. No entanto, minha esperança paterna não está baseada em uma *crença* ou *previsão* de que o futuro será diferente. Mesmo quando todas as indicações atuais apontam o contrário, minha esperança visualiza a possibilidade de um futuro diferente. É para essa terceira fonte de esperança que vamos nos voltar a seguir.

LEVANDO PARA O PESSOAL: PROBABILIDADE

- Em que fontes de informação você geralmente confia para saber o que está acontecendo ao seu redor, na sua comunidade, no seu país ou no mundo? De todas as possíveis formas disponíveis para obter essas informações, por que você tende a confiar nessas fontes em particular?
- Como você decide quando algo pode ser irrealista ou uma esperança falsa? Em algum momento de sua vida alguém lhe disse que uma de suas esperanças era irrealista? Como isso o afetou na época?
- Qual erro você tem mais probabilidade de cometer: (1) desistir de algo que na verdade você poderia mudar ou (2) continuar tentando mudar algo que na verdade você não pode mudar?

4
Possibilidade

O que, afinal, tem sustentado a raça humana neste velho globo, apesar de todas as calamidades da natureza e de todas as trágicas falhas da humanidade, se não a fé em novas possibilidades e a coragem de defendê-las?
— Jane Addams

Uma vez que você escolhe a esperança, tudo é possível.
— Christopher Rerve

Ela parecia ser um caso perdido. Quando criança, Annie ficou quase cega devido a uma doença bacteriana nos olhos. Sua mãe morreu de tuberculose quando ela tinha apenas 8 anos, e logo depois seu pai, incapaz de lidar com a situação, abandonou a família. Annie e seu irmão mais novo, Jimmy, foram enviados a um asilo, famoso por abrigar doentes e pessoas consideradas insanas, onde Jimmy morreu quatro meses depois. Annie passou por quatro cirurgias oculares dolorosas e malsucedidas e, finalmente, aos 14 anos, foi enviada para uma escola para cegos, onde mais algumas operações restauraram parcialmente sua visão. Ela se formou como a melhor aluna de sua turma, tornou-se professora e sua primeira aluna foi uma menina cega e surda de 7 anos chamada Helen Keller. Annie Sullivan acreditava que era possível que Helen aprendesse e se comunicasse, e dedicou-se ao árduo trabalho necessário para que isso acontecesse. Com o tempo, Helen não apenas aprendeu a se comunicar, mas se tornou uma escritora famosa, palestrante e defensora dos direitos das pessoas com deficiência. Aos 35 anos, Annie sofreu um derrame e ficou completamente cega. Mais tarde, seria chamada de "a operadora de milagres", em uma peça com esse nome produzida para a televisão, a Broadway e os cinemas. Ela morreu aos 70 anos, com Helen Keller segurando sua mão, e suas cinzas estão enterradas na Catedral Nacional de Washington.[1]

Basear a esperança em probabilidades e história é enxergar a vida apenas como ela foi. A esperança vislumbra a possibilidade do que poderia ser e ainda não é. Torcedores fiéis de um time esportivo em dificuldades fundamentam seu entusiasmo não em estatísticas, mas em vislumbres de possibilidade. Eles conseguem visualizar o time que tanto amam, ainda desorganizado ou iniciante, eventualmente vencendo a Copa do Mundo de futebol ou a pretensiosamente nomeada World Series no beisebol dos EUA — e, às vezes, realmente dá certo. O amor vê o que ainda é um potencial não realizado.[2] Anne Sullivan viu o que sua jovem aluna Helen *poderia* se tornar. É a mesma visão transformadora de Dom Quixote, que enxergava na camponesa Aldonza a nobre dama Dulcineia. Será que realmente é loucura? "Mais louco de tudo", diz Dom Quixote, "é ver a vida como ela é, e não como deveria ser".[3]

ENXERGANDO POSSIBILIDADES

De modo geral, há dois elementos importantes que influenciam a motivação de uma pessoa para agir: o porquê e o como. O componente *porquê* consiste em haver uma razão suficientemente boa para a ação e a mudança; deve ser algo *importante* o bastante. Pode ser a esperança por um ganho positivo e melhora ou o medo de uma perda e um desfecho negativo a ser evitado. No entanto, mesmo que a necessidade de mudança esteja clara, ou até mesmo seja urgente, nenhuma ação será tomada a menos que também haja uma crença de que é possível, de que existe um *como*. A esperança requer tanto desejo quanto possibilidade.

Em 20 de novembro de 1983, a rede de televisão ABC transmitiu um novo filme, *O dia seguinte*, que dramatizava as consequências de uma guerra nuclear. Foi um evento nacional; mais de 100 milhões de pessoas assistiram à transmissão inicial, tornando-o um dos eventos mais assistidos da história. Imediatamente após o alarmante filme, a ABC exibiu uma mesa redonda de discussão com um painel de especialistas, apresentada por Ted Koppel, que repetidamente perguntou aos participantes: "Há algo que os americanos possam fazer para prevenir isso? O que um indivíduo pode fazer?".

Todos os panelistas concordaram que a guerra nuclear seria uma catástrofe. O astrofísico Carl Sagan afirmou que a realidade seria, na verdade, muito pior do que o que foi mostrado no filme. O Secretário de Defesa, Robert McNamara, recomendou apoiar a política nuclear vigente de sua administração, enquanto o general Brent Scowcroft alertou que o atual sistema de dissuasão nuclear era insuficiente. O Secretário de Estado, George Shultz, argumentou que o governo deveria reduzir o número de armas nucleares, enquanto o conselheiro de segurança nacional Henry Kissinger contrapôs que mais armas nos tornam mais seguros. O escritor William F. Buckley Jr. acusou o cineasta de tentar enfraquecer as defesas americanas. O sobrevivente do Holocausto Elie Wiesel disse que se sentia assustado e impotente, concordando com Buckley que o pacifismo é perigoso. Ninguém ofereceu uma única sugestão esperançosa para a ação individual. Em outras palavras, o filme falou alto sobre a *importância* do tema, mas foi imediatamente seguido por uma mensagem de que não havia nada que os indivíduos pudessem fazer a respeito. Suspeito que, se o filme tivesse sido seguido por uma ou duas sugestões práticas sobre o que pessoas comuns poderiam fazer para ter um impacto, poderia ter desencadeado um movimento.

Táticas de medo sofrem destino semelhante no cuidado à saúde, seja em palestras sobre os perigos do uso de drogas ou em advertências médicas rigorosas sobre ganho de peso e doenças cardíacas. A importância da ação deve ser combinada com, ao menos, a percepção de que a mudança é possível. Não adianta convencer alguém de que uma situação é grave se não houver a possibilidade de fazer a diferença. Muitas pessoas veem o aquecimento global como uma ameaça iminente, mas parecem acreditar que não há nada que realmente possam fazer a respeito. Táticas de medo têm menos probabilidade de inspirar mudança de comportamento e mais de provocar defensividade, que, em conversas, pode se manifestar como argumentação, contestação, descrédito, interrupção ou simples indiferença. Lembre-se de que o medo é o oposto da esperança. Confrontadas com uma ameaça sem esperança, as pessoas tendem a se desligar e a parar de ouvir.

O que muitas vezes é ignorado é o efeito cumulativo de pequenas mudanças. É o erro de não fazer nada porque só é possível fazer um pouco. Mesmo durante a pandemia de covid-19, em 2021, somente nos Estados Unidos, 60 milhões de adultos dedicaram mais de 4 bilhões de horas de trabalho voluntário a várias organizações, resultando em enormes benefícios econômicos e sociais.[4] Além do impacto coletivo dos esforços individuais, *fazer* algo positivo para enfrentar adversidades também traz benefícios à saúde e ao bem-estar de quem age. Um exemplo claro é dedicar tempo como voluntário em ONGs e projetos sociais. Pessoas que se envolvem em trabalho voluntário significativo experimentam melhor humor, maior otimismo, esperança e propósito de vida, menos depressão e solidão, além de um risco reduzido de mortalidade.[5]

> Onde você faz (ou poderia fazer) pequenas contribuições para mudanças maiores que importam para você?

Enxergar possibilidades eleva sua visão além da realidade presente. A esperança pode ser descartada como irrealista, mas Richard Rohr sugere outra forma de enxergar: "Podemos chamar a esperança de verdadeiro realismo, porque ela leva a sério todas as muitas possibilidades que preenchem o momento. A esperança vê todas as alternativas".[6]

ENXERGANDO POSSIBILIDADES NOS OUTROS

Se o amor é cego, como então ele se transforma no relacionamento duradouro e satisfatório pelo qual os parceiros anseiam? Apaixonados tendem a idealizar um ao outro. Durante a paixão, focamos, exageramos e fantasiamos sobre as boas qualidades da outra pessoa, muitas vezes ignorando os defeitos, pelo menos temporariamente. Sendo as pessoas invariavelmente imperfeitas, isso não seria apenas uma receita para inevitável decepção e infelicidade?

Acontece que nossas percepções positivas e esperanças em relação àqueles que amamos podem ser surpreendentemente resistentes ao longo do tempo. Enxergar um parceiro imperfeito de maneira idealizada pode criar relacionamentos estáveis. Relações mais felizes e duradouras são aquelas em que as pessoas têm uma opinião mais elevada sobre seus parceiros do que os próprios parceiros têm sobre si mesmos. Além disso, pensar de forma positiva sobre seu cônjuge pode, de fato, melhorar a autoestima do parceiro.[7] A esperança também pode melhorar a realidade com o passar do tempo; as pessoas podem tentar corresponder às percepções admiráveis e, assim, confirmá-las (ver Capítulo 2). Essencialmente, trata-se de projetar sua esperança em alguém e dar-lhe o benefício da dúvida. Quando estiver em dúvida, espere! Às vezes, podemos ver as coisas acontecerem.

Não sei quem decidiu, há muito tempo, que um garoto de classe trabalhadora em uma pequena cidade mineradora da Pensilvânia deveria ser estimulado a estudar para a faculdade; aparentemente, viram uma possibilidade em mim. O que *sei* são nomes de professores, e me lembro deles, que levaram isso adiante durante o ensino médio e a faculdade. Mary Duncan, por exemplo, nos ensinou latim e o tornou divertido. Cantamos uma tradução para o latim de "Jingle Bells",[8] e, mais tarde, em sua aula de alemão, nosso exame final consistia em ouvir e traduzir uma música popular.[9] Na disciplina de redação do primeiro ano, Gertrude Madden dedicou o tempo necessário para corrigir nossos ensaios em detalhes, ajudando inúmeros estudantes universitários a aprenderem a escrever melhor — algo que mais tarde tentei fazer com meus próprios alunos. Nosso formidável mestre do coral, Walter McIver, ouviu minha voz trêmula, disse que gostou do que ouviu e, por meio de um treinamento entusiasmado, me deu um presente que duraria a vida toda. Quando fui confessar meu emergente agnosticismo, o capelão da faculdade, Paul Neufer, disse-me: "Esse é um bom ponto de partida para crescer!" — e realmente foi. Em muitas conversas individuais, o chefe do departamento de psicologia, George Shortess, ouviu respeitosamente minhas jovens ideias e me incentivou gentilmente em direção à profissão que eu eventualmente seguiria. O poeta irlandês James J. McAuley ouviu uma métrica oculta em minhas tentativas pobres de poesia e ensinou-me a valorizar a escrita e a fala concisas. Sou profundamente grato a esses mentores que enxergaram em mim possibilidades das quais eu não estava ciente. Eles perceberam o que eu poderia ser e tiveram paciência em evocar isso em mim, sem pressa para que eu mudasse e crescesse, mas felizes por eu fazê-lo no meu próprio tempo e da minha maneira.

Possibilidades ocultas também permeiam uma conhecida história bíblica de uma mulher surpreendida no ato de adultério, punível na época com morte imediata por apedrejamento. Howard Thurman descreveu a apresentação da adúltera ao rabino Jesus para julgamento:

> Ele aceitou quem ela era naquele momento e a tratou como se ela já estivesse onde agora desejava estar na vida. Ao lidar com a adúltera, Ele teve fé nela, e isso a estimulou no cumprimento de suas possibilidades. Ele despertou sua confiança para a ação. Ele colocou uma coroa sobre sua cabeça, que ela, pelo resto da vida, tentaria crescer o suficiente para usar.[10]

A abordagem do rabino era transformação, não retribuição. Ele também viu uma possibilidade nos espectadores, que já estavam ansiosos para pegar pedras. "Quem entre vocês nunca pecou, atire a primeira pedra." Então, sentou-se e esperou pacientemente enquanto todos saíam um a um, *começando pelos mais velhos*.[11] A esperança como possibilidade percebida pode literalmente trazer à tona o melhor das pessoas.

ACREDITANDO NA POSSIBILIDADE: O EFEITO PLACEBO

Raul veio à clínica reclamando de uma obsessão estranha e, talvez devido ao meu interesse em vícios, foi encaminhado a mim. Raul era um artista profissional que usava uma forma de meditação para acalmar a mente e acessar o profundo rio criativo dentro dele. No entanto, por vários meses, sempre que entrava nesse estado meditativo, ele se deparava com uma imagem intrusiva: o rosto de um homem que lhe era estranho. O rosto era sempre o mesmo, não particularmente ameaçador, mas apenas estava lá, "no canto superior esquerdo" da tela em branco atrás de suas pálpebras. Ele achava isso terrivelmente angustiante e perturbador, interferindo seriamente em sua produtividade criativa. "Eu acho que poderia ajudar se você me hipnotizasse", disse ele. Eu tinha treinamento em hipnose clínica, mas também conhecia a literatura científica da época sobre o tratamento de obsessões, então expliquei meu entendimento de que não havia boas evidências científicas de que a hipnose o ajudaria. Durante cerca de dois meses, tentei uma variedade de estratégias baseadas em evidências, todas sem sucesso. Finalmente, em desespero, eu o hipnotizei com uma indução clássica de transe e uma sugestão pós-hipnótica de que a obsessão desapareceria. Quatro dias depois, ele me ligou. "Doutor! É incrível! Ele desapareceu completamente! Obrigado — não preciso mais voltar." E nunca mais o vi.[12] *Raul me lembrou da importância de ouvir o que as pessoas acreditam que as ajudará.*

Evidências claras do poder da esperança como possibilidade estão presentes no efeito placebo no processo de cura. Quando recebem um tratamento que lhes dizem que será eficaz, as pessoas frequentemente melhoram. Particularmente no alívio da dor, placebos são substancialmente mais eficazes do que nenhuma intervenção. O efeito vai além da cura natural com o passar do tempo. Um placebo inerte é frequentemente mais eficaz do que nenhuma medicação, mesmo quando os pacientes sabem que o que estão tomando pode ser um placebo.[13] Esse efeito é tão significativo que novos medicamentos precisam ser testados contra um controle com placebo, no qual nem o médico nem o paciente sabem qual é qual. O que está acontecendo nesse caso?

O alívio da dor pelo placebo é real; pessoas que recebem medicação placebo (sem ingredientes ativos) relatam redução da dor e mostram reduções correspondentes na ativação cerebral em áreas relacionadas à dor e à ansiedade. Uma medicação (naloxona) que bloqueia os efeitos analgésicos de opioides, como a morfina, também reduz a eficácia dos placebos, sugerindo que eles funcionam, em parte, por meio das endorfinas naturais do corpo, que também utilizam os receptores de opioides. Medicamentos para aliviar a dor são duas vezes mais eficazes quando os pacientes sabem que estão recebendo o tratamento, em comparação com as mesmas doses administradas sem o conhecimento da pessoa. Pacientes que são advertidos sobre possíveis efeitos colaterais de um placebo têm mais chances de experimentá-los.[14] Além disso, pessoas informadas de que receberão um medicamento potente para alívio da dor apresentam muito mais alívio com um placebo do que aquelas que são avisadas de que podem estar recebendo um placebo.[15]

Os efeitos da expectativa não se limitam aos medicamentos. Outras pesquisas com placebo estudaram o que acontece quando as pessoas recebem bebidas que alguém lhes disse conterem ou não conterem álcool. Em um estudo experimental pareado com placebo,[16] as pessoas recebem bebidas com ou sem álcool e são informadas (corretamente ou não) de seu conteúdo alcoólico. Quando acreditam (incorretamente) que estão consumindo álcool (em comparação com a expectativa de que a bebida não contém álcool), as pessoas bebem mais, tornam-se mais sociáveis, menos ansiosas, mais excitadas sexualmente e mais agressivas. Suas expectativas sobre os efeitos do álcool se tornam realidade, mesmo sem a presença do álcool. Em contraste, os efeitos prejudiciais do álcool na memória, na função mental e na capacidade de realizar tarefas físicas ocorrem independentemente de as pessoas saberem ou não que estão consumindo álcool.[17]

Agora, eis outro enigma. Pesquisas recentes questionaram se são realmente as expectativas mentais que atuam no potente efeito dos placebos. Estudos experimentais administram placebos a pacientes que *sabem* que estão tomando placebos. O próprio rótulo da garrafa indica "placebo". Isso não deveria anular o efeito? Ou, dito de outra forma, o efeito placebo depende de engano? O professor Ted Kaptchuk, da Harvard Medical School, tem utilizado placebos de rótulo aberto para tratar pacientes com condições crônicas que desafiam alívio médico, como enxaquecas, depressão, alergias, fadiga, dores lombares e síndrome do intestino irritável.[18] Esses são pacientes que não se impressionam com jalecos e diplomas médicos: eles expressamente *não* antecipam melhorias, e suas longas experiências de desilusão com médicos e tratamentos os levam a esperar insucessos. Nesses estudos, tais participantes são informados, com veracidade, de que estudos rigorosamente controlados mostraram efeitos poderosos dos placebos em suas condições e que eles ocorrem automaticamente. Não precisam acreditar que o tratamento funcionará, mas é crucial que tomem as pílulas duas vezes ao dia. Aqueles que recebem placebos de rótulo aberto apresentam redução de sintomas e sofrimento. Em análises posteriores de entrevistas com pacientes, Kaptchuk concluiu que "os pacientes não expressaram expectativas positivas, mas algo que chamaram de *esperança*", descrita por ele como "um colete salva-vidas contra o desespero, uma disposição que permite aos pacientes enfrentar a doença e manter um semblante de vida".[19] A expectativa, ele disse, baseia-se na experiência *passada*, enquanto a esperança permanece aberta a *novas* experiências.

Os efeitos placebo também não se limitam a medicamentos. Um médico alemão, Franz Anton Mesmer, afirmou ser capaz de curar uma ampla variedade de doenças manipulando o "magnetismo animal" dos pacientes por meio de vários rituais. Suas curas foram tão amplamente divulgadas, e ele se tornou tão popular e bem-sucedido em Paris, que o rei da França nomeou duas comissões para examinar as alegações de Mesmer, em uma das primeiras investigações sobre fraude científica de que se tem registro. A comissão da Faculdade de Medicina foi presidida por um cientista americano visitante chamado Benjamin Franklin, que elaborou alguns experimentos inteligentes. Mesmer e seus discípulos alegavam ser capazes de magnetizar pacientes ou objetos sem tocá-los, e a comissão de Franklin antecipou em dois séculos o desenho de estudo experimental pareado com placebo mencionado anteriormente. Com o uso de vendas e cortinas, a equipe de Mesmer magnetizava pacientes com ou sem o conhecimento deles, e os pacientes também eram informados de que estavam sendo magnetizados, independentemente de um mesmerista estar presente ou não. Além disso, a equipe magnetizou certas árvores dentro de um jardim murado e, em seguida, liberou pacientes no jardim para escolher uma árvore para abraçar. Em seu relatório detalhado,[20] Franklin demonstrou que não havia relação entre o fato de os pacientes terem sido "magnetizados" e a melhora de seus sintomas. Mesmer foi desonrado e expulso de Paris. Franklin observou que curas dramáticas *realmente* ocorreram, mas não devido ao magnetismo. Em seu relatório de 1785, ele ponderou:

> Esse novo agente pode não ser outro senão a própria imaginação, cujo poder é tão extenso quanto pouco conhecido. (...) A imaginação das pessoas doentes tem, sem dúvida, uma participação muito frequente e considerável na cura de suas doenças. (...) Tanto no [mundo físico] quanto na religião, [nós] somos salvos pela fé (...) sob a influência benéfica da esperança. A esperança é um constituinte essencial da vida humana.[21]

Nas pesquisas em aconselhamento e psicoterapia, não há um paralelo direto com o ensaio clínico randomizado duplo-cego, justamente porque o psicoterapeuta sempre *sabe* qual tratamento está sendo fornecido. Nos ensaios clínicos com medicamentos, o fármaco pode ser administrado de forma que nem o paciente nem o pesquisador saibam o que há na cápsula, mas isso não é possível em psicoterapia. Se os profissionais acreditam que o tratamento é ineficaz, suas expectativas influenciam os resultados dos clientes.[22] É importante que os psicoterapeutas acreditem no tratamento que estão aplicando.[23] Claramente, é possível avaliar um tratamento em que o psicoterapeuta acredita, mas que é arbitrariamente considerado inerte pelo pesquisador, caso em que o viés do investigador é uma preocupação. No estudo sobre mesmerismo, a eficácia do método estava em dúvida, embora aparentemente não para os pacientes. Como o próprio Franklin observou: "Suas curas eram numerosas e da mais surpreendente natureza".[24] No jardim com as árvores, os pacientes de fato encontraram alívio para o sofrimento, mas não pela razão que Mesmer havia proposto. A esperança dos pacientes e de seus provedores foi suficiente para produzir resultados benéficos.

FUTUROS POSSÍVEIS

Um aspecto fundamental da esperança é a abertura para futuros possíveis. Howard Thurman observou que "na ausência de toda esperança, a ambição morre, e o próprio eu se enfraquece e corrói".[25] A ausência de esperança fecha as portas para o futuro.

Certos eventos da vida podem mudar a visão que você tem de futuros possíveis. Estresse prolongado ou um diagnóstico de câncer avançado pode abalar a qualidade de vida que antes era considerada garantida e estreitar o horizonte de alternativas.[26] As pessoas podem lamentar a perda de opções futuras e valorizar o que antes era apenas dado como garantido. Por outro lado, receber tratamento pode alimentar a esperança de uma vida melhor, e ter um professor que acredita em você pode abrir possibilidades futuras.

A personalidade também desempenha um papel importante. Uma diferença individual que tem implicações para a capacidade de ver possibilidades é uma dimensão conhecida como intuição e sensação, vinda da psicologia junguiana.[27] Pessoas com predominância de sensação são realistas. Elas preferem confiar, observar e desfrutar dos sentidos — ver, ouvir, tocar, cheirar e provar. Confiam no aqui e agora, percebendo o que está bem diante delas. Já aquelas que se inclinam para a intuição preferem experimentar o mundo por meio de *insights* e da imaginação, tendo dificuldade frequente em explicar como sabem de algo. Elas tendem a sonhar, a imaginar, a enxergar possibilidades, muitas vezes vivendo mais no futuro do que no presente. Se ambas estão juntas em uma casa em construção, a pessoa sensorial nota todos os detalhes do que ainda precisa ser feito, enquanto a intuitiva percebe com alegria como será a casa no futuro. Indivíduos em extremos opostos dessa dimensão de personalidade podem ter dificuldades em compreender um ao outro, pois literalmente experimentam realidades diferentes.[28] Eles se complementam e equilibram as perspectivas um do outro.

> Quais são um ou dois futuros possíveis que você já considerou para si mesmo, mas acabou seguindo um caminho diferente?

Diferenças complementares no foco sobre o passado e o presente *versus* a esperança de um futuro melhor também aparecem nos sistemas de justiça.

A justiça retributiva foca no castigo e na vingança por delitos passados. Já uma abordagem restaurativa enfatiza as possibilidades futuras de transformação e relacionamento, tanto nas correções quanto na educação e na resposta a injustiças sociais.[29]

INFLUÊNCIA PERCEBIDA

Um componente da esperança como possibilidade está relacionado à sua percepção da capacidade de influenciar o que acontecerá no futuro. Você acredita que essa situação, problema ou pessoa pode ser transformada em geral, ou até mesmo por você especificamente?[30] A esperança é importante, por exemplo, na resolução de conflitos. A disposição para comprometer-se e trabalhar pela paz é afetada pela percepção de um conflito ser resolvível ou intransponível.[31] Acreditar que existe algo que você pode fazer para influenciar o futuro importa.

Um exemplo simples vem da pesquisa sobre situações estressantes. Em uma série de experimentos, voluntários foram expostos a barulhos insuportavelmente altos ou choques elétricos dolorosos. Alguns voluntários receberam um botão que poderiam apertar para desligar o som ou o choque, caso se tornasse intolerável, enquanto outros não tinham essa opção.[32] Curiosamente, não importava se o botão realmente funcionava, pois ninguém o apertou — haviam sido encorajados a usá-lo apenas em casos extremos. Aqueles que tinham um botão de escape — algo que podiam fazer — demonstraram maior tolerância, menos sofrimento físico e maior capacidade de se concentrar nas tarefas solicitadas.[33] Acreditar que há algo que você pode fazer para controlar ou pelo menos influenciar uma situação estressante faz uma diferença significativa. Em um estudo de psicoterapia breve, dois terços da satisfação dos clientes estavam relacionados a uma única pergunta: "O psicoterapeuta me encorajou a acreditar que eu poderia melhorar minha situação?".[34]

Frequentemente, em minha própria pesquisa, os achados inesperados eram os mais importantes. Ao buscar formas melhores de ajudar pessoas com problemas relacionados ao consumo de álcool, às vezes comparávamos as reduções no consumo de álcool entre aqueles que recebiam tratamento imediato e aqueles que eram colocados em uma lista de espera para receber o mesmo tratamento posteriormente. Os indivíduos na lista de espera não apresentavam mudanças aparentes até terem sido tratados.[35] Esse resultado parecia estranho, pois, para participar do estudo, as pessoas já haviam expressado preocupação com o uso de álcool, passado por uma avaliação completa, relatado níveis preocupantes de consumo e solicitado ajuda — era de se esperar que esses fatores, por si só, poderiam ser motivadores para iniciar mudanças. Ainda assim, não houve mudança alguma. Em outro estudo,[36] adicionamos um grupo de comparação que recebeu apenas uma sessão inicial e um livro de autoajuda,[37] encorajando-os a seguir as instruções. Outros participantes no mesmo estudo receberam aconselhamento imediato usando os mesmos métodos descritos no livro, e um terceiro grupo foi informado de que aguardaria dez semanas na lista de espera pelo tratamento. Mais uma vez, aqueles na lista de espera não apresentaram mudança alguma em seu consumo de álcool, enquanto os que receberam tratamento imediato reduziram seu consumo pela metade. A descoberta inesperada foi que pessoas designadas aleatoriamente para trabalhar por conta própria com o livro de autoajuda reduziram o consumo em dois terços. Qual foi a diferença? Aqueles na lista de espera receberam a mensagem implícita de que não havia nada que pudessem fazer até que fossem tratados. Eles realmente fizeram o que lhes foi pedido: esperaram. Em contraste, aqueles na condição de autoajuda foram orientados a agir por conta própria seguindo as diretrizes fornecidas; disseram-lhes que havia algo que podiam fazer, e eles o fizeram. Hoje acredito que listas de espera podem ser prejudiciais, por sugerirem impotência.[38] Quando possível, é melhor oferecer às pessoas algo eficaz para fazer do que simplesmente esperar.

Ver um caminho possível para seguir adiante é tanto uma fonte de esperança quanto um produto dela.[39] Pessoas mais esperançosas persistem em encontrar formas de alcançar seus objetivos, especialmente quando o caminho planejado se torna obstruído. Elas enxergam contratempos como desafios, e não como fracassos, transmitindo a si mesmas mensagens positivas como: "Vou encontrar uma maneira de fazer isso!".[40] A esperança as encoraja a direcionar suas preocupações para ações individuais ou coletivas, em vez de recorrer à negação, distração ou outros meios de reduzir o desconforto emocional.[41]

Assim, além de fazer julgamentos sobre a probabilidade de algo acontecer (Capítulo 3), a esperança também se estende a enxergar possibilidades no futuro, em si mesmo e nos outros. Ao perceber e buscar possibilidades, o aparentemente improvável pode se tornar realidade, porque, em parte, você vê o que acredita ser possível alcançar. Você não vê apenas as coisas como elas são, mas também com base no que *você* é — influenciado por sua história, personalidade, humor e expectativas.[42] Perceber possibilidades incentiva a tentativa, e essas tentativas, por sua vez, podem mudar o contexto e a você mesmo. Nem todo desejo se realiza, mas enxergar possibilidades pode aumentar as chances de que aconteçam.

Desejo, probabilidade e possibilidade são todas variantes potentes da esperança, que podem diferir em força ao longo do tempo. Ao refletir sobre um objetivo almejado em particular, sua mente pode alternar entre essas facetas: Quais são as evidências disponíveis? Quais são as possibilidades? O que eu realmente quero? Outra faceta da esperança é o otimismo, que é um atributo mais estável da personalidade ou caráter de cada um e será o tema do próximo capítulo.

LEVANDO PARA O PESSOAL: POSSIBILIDADE

- Como sentir-se esperançoso e enxergar possibilidades afeta você?
- Quem em sua vida viu possibilidades em você que você mesmo não enxergava e ajudou a trazê-las à tona?
- Quais experiências de vida abriram ou fecharam suas percepções de futuros possíveis?

5
Otimismo
Expectativas elevadas

Tudo ficará bem, e tudo ficará bem, e todo tipo de coisa ficará extremamente bem.
— Juliana de Norwich[1]

Um pessimista vê dificuldade em toda oportunidade; um otimista vê oportunidade em toda dificuldade.
— Sr. Winston Churchill

Nunca tínhamos conhecido essas pessoas estranhas que seriam nossos filhos. Só os havíamos visto, brevemente, no noticiário noturno, durante um quadro semanal chamado "Wednesday's Child", nomeado a partir de um verso de uma cantiga infantil do século XIX que diz: "A criança de quarta-feira é cheia de pesar". A repórter da TV havia levado Lillian e Richard a uma loja de animais, onde eles afetuosamente acariciaram filhotes que também precisavam de um bom lar. Aos 9 e 8 anos de idade, já haviam sofrido mais do que uma vida inteira de dores. Agora, após um ano de triagem e qualificação para sermos pais adotivos, aguardávamos na sala de espera da assistente social, inseguros sobre o que esperar ou dizer nesse primeiro encontro frente a frente. Não precisávamos ter nos preocupado... A porta interna se abriu, e Lillian veio saltando em nossa direção exclamando: "Oi, mamãe! Oi, papai!".

Toda forma de esperança é uma experiência de expectativa, mesmo quando baseada em previsão estatística. Até aqui, consideramos três facetas da esperança: desejo, probabilidade e possibilidade. Às vezes, a esperança é específica e situacional: você espera que algo em particular aconteça. Em contraste, o tipo de esperança discutido neste capítulo se assemelha mais a uma característica de personalidade ou traço de caráter — uma disposição duradoura de ver o lado positivo, esperar pelo melhor e dar o benefício da dúvida. Pessoas que geralmente demonstram uma alta esperança ao longo do tempo e em diversas situações são chamadas de *otimistas*.

Ser otimista é diferente de ter esperanças específicas. Os otimistas tendem a acreditar que, na vida, as coisas geralmente acabarão bem, ao menos a longo prazo.[2] Eles têm pensamentos e sentimentos positivos sobre o futuro em geral, sem necessariamente enxergar um caminho claro para que isso aconteça.[3] Questionários elaborados para medir o otimismo incluem itens como "quando o futuro é incerto, eu geralmente espero pelo melhor" e "eu geralmente antecipo que ocorrerão mais coisas boas do que ruins".[4] A popular canção de 1988 de Bobby McFerrin, "Don't Worry, Be Happy", expressa essa visão. O mesmo acontece com a perspectiva frequentemente citada no início deste capítulo, da mística do século XIV, Julian ou Juliana de Norwich, autora do primeiro livro escrito em inglês por uma mulher de que se tem notícia.

Assim como a esperança de modo geral, o otimismo pode ser passivo, ativo ou ambos. Um *otimismo passivo* ou desejoso vê a esperança nos esforços de outros e em forças além de si mesmo, como no otimismo em relação ao clima ou na esperança em um dia de eleição. Em contraste, o *otimismo ativo* reconhece um papel pessoal que você pode desempenhar para alcançar um resultado desejado ou prevenir eventos indesejados, como esperar tirar uma boa nota em um curso ou evitar um ataque cardíaco.[5] Esforços de promoção da saúde incentivam o otimismo ativo, gerenciando o próprio comportamento para prevenir doenças e melhorar o bem-estar a longo prazo. Uma perspectiva otimista pode abranger tanto elementos ativos quanto passivos — alguns dentro do seu controle, outros não.

O otimismo é uma das quatro características pessoais interrelacionadas que, juntas, foram chamadas de *positividade* ou *capital psicológico*. As outras três características de positividade são a esperança em um sentido mais amplo, a resiliência e a eficácia.[6] A *resiliência* é a capacidade de se recuperar, adaptar e persistir apesar das adversidades.[7] É improvável que você tenha sucesso sem tentar, e fazer tentativas é um produto da sua crença na possibilidade de sucesso. A eficácia é a crença de que "eventos positivos são mais prováveis de serem realizados e eventos negativos menos prováveis por meio de ações apropriadas por parte do indivíduo" — em outras palavras, que você pode produzir resultados desejados a partir do que faz.[8] A crença de que seus próprios esforços podem ser frutíferos é uma forte motivação para agir. Na história infantil *The Little Engine That Could* (A pequena locomotiva que podia), o esforço persistente do personagem principal é sustentado pelo mantra: "Eu acho que consigo, eu acho que consigo". O simples *slogan* de Dolores Huerta, "*sí, se puede*" ("sim, é possível", ou "sim, nós podemos"), tornou-se o lema inspirador dos United Farm Workers em 1972.[9] Essas características de positividade podem ser desenvolvidas tanto em indivíduos quanto em organizações.[10]

BENEFÍCIOS DO OTIMISMO

O otimismo frequentemente é ridicularizado como irrealista ou ingênuo. O termo *narapoia* foi cunhado como uma ilusão oposta à paranoia — uma crença irracional de que as pessoas estão, na verdade, conspirando para fazer o bem a você.[11] Embora o otimismo possa ser considerado prejudicial, há um conjunto significativo de evidências que apontam na direção contrária.

Nas pesquisas em psicologia, o otimismo é uma das características de personalidade mais consistentemente associadas a uma variedade de desfechos positivos. Um resumo deste vasto corpo de pesquisa concluiu que "a esperança e o otimismo (ou pelo menos a ausência de seus opostos) estão associados a todos os tipos de resultados desejáveis: humor positivo e boa moral; perseverança e eficácia na solução de problemas; sucesso acadêmico, atlético, militar, ocupacional e político; popularidade; boa saúde; e até mesmo uma vida longa e livre de traumas".[12] Entre os correlatos documentados do otimismo estão:

- Maior senso subjetivo de bem-estar[13]
- Melhor adaptação social a eventos estressantes e transições de vida[14]
- Menos mecanismos de defesa imaturos, como negação, projeção e pensamento mágico[15]
- Melhor saúde física[16]
- Maior envolvimento no planejamento direcionado a metas[17]
- Maior resiliência em resposta a mudanças ou fracassos[18]
- Taxas de mortalidade mais baixas por todas as causas, incluindo mortalidade cardiovascular[19]
- Melhores resultados no tratamento de doenças crônicas, incluindo o câncer[20]
- Menor incidência de depressão[21]
- Maior criatividade e abertura a novas ideias[22]
- Melhor desempenho profissional, maior compromisso organizacional e menor incidência de *burnout* e estresse no trabalho[23]

Tantos são os seus benefícios associados que o otimismo foi chamado de "construto velcro", porque tudo parece grudar nele.[24]

Pode ser que o otimismo cause resultados benéficos, ou vice-versa. Provavelmente, a influência flui em ambas as direções, em um ciclo virtuoso. O otimismo é, em parte, uma profecia autorrealizável. Por exemplo, aqueles que antecipam que outras pessoas os aceitarão tendem a responder com calor interpessoal, o que aumenta a probabilidade de que, de fato, sejam aceitos.[25] Experienciar resultados positivos, por sua vez, reforça o otimismo.[26]

PERIGOS DO OTIMISMO

Pode haver um lado sombrio no otimismo. Grandes esperanças podem deixá-lo vulnerável à decepção, e até mesmo ao perigo. Nem sempre é o caso de que quanto mais otimista você for, melhor. Desastres empresariais e militares já foram atribuídos ao excesso de confiança.[27] Além das realidades da esperança irrealista (Capítulo 3), um otimismo elevado pode criar pontos cegos, particularmente por nos levar a subestimar riscos. Pessoas otimistas tendem a se considerar em menor risco de que coisas ruins lhes aconteçam do que outras pessoas.[28]

Durante um voo para Dallas, notei que o sujeito sentado logo à minha frente não afivelou o cinto de segurança quando instruído durante as orientações de segurança. O cinto pendia sobre o apoio de braço até o corredor, e os atarefados comissários aparentemente não perceberam. Deveria eu alertá-lo? (Não o fiz, embora provavelmente tivesse feito se ele fosse idoso). Durante todo o voo, ele ignorou os avisos de segurança para afivelar o cinto na decolagem, diante da possibilidade de turbulência e na aterrissagem. Concluí que ele devia ser um exemplo de *isso nunca acontecerá comigo*.

> Eu não preciso usar meu capacete de bicicleta, mãe.
> Está calor demais para trabalhar usando todo aquele equipamento de proteção.
> Eu não preciso fazer uma mamografia (ou tomar vacina, ou fazer exame de próstata); estou me sentindo bem.
> Sou um ótimo motorista, e odeio como o cinto de segurança me incomoda.
> Não preciso usar protetor solar (ou preservativo, ou chapéu).

Esse é o chamado *efeito de otimismo irrealista* na psicologia: a maioria das pessoas acredita que, em comparação com outras, estão menos suscetíveis a diversas experiências adversas, como sofrer um acidente, ter um ataque cardíaco ou ser vítima de um crime.[29]

Um otimismo elevado também está associado a uma autoestima e autoconfiança mais altas, o que pode levar ao perigo de racionalizar resultados negativos em vez de aprender com eles. Qualquer coisa que possa ser considerada um fracasso pessoal pode ser reinterpretada como má sorte, culpa de outras pessoas ou uma exceção circunstancial temporária ao padrão habitual de sucesso e competência.

Algumas pessoas, particularmente pessimistas, têm uma visão cínica sobre o otimismo. No romance *Pollyanna*, de Eleanor Porter, a personagem órfã do título é incomumente alegre e otimista, apesar das adversidades. Nos Estados Unidos, pelo menos, chamar alguém de "Pollyanna" costuma ser uma crítica sarcástica, sugerindo que a pessoa é tola em sua esperança. Ironicamente, ao contrário dessa visão, Pollyanna, assim como a órfã mais recente das produções de palco e cinema *Annie*, transforma benevolentemente aqueles ao seu redor, conduzindo-os a finais felizes. Outra personagem inabalavelmente otimista é Anne Shirley, da série de romances *Anne of Green Gables*, de Lucy Maud Montgomery. Esse tipo de otimismo também existe na vida real. Talvez você conheça alguém com esse tipo de alegria persistente. Tenho a sorte de contar com alguns amigos que consistentemente destacam os aspectos positivos. Essa característica também foi evidente em minha filha Lillian, desde o momento em que a conhecemos no escritório da assistente social. Apesar de dificuldades imensas, ela não apenas sobreviveu, mas prosperou.[30] Pessoas otimistas certamente não estão imunes a adversidades ou infelicidade, mas o otimismo pode ajudá-las a atravessar tempos difíceis.

Parece haver um ponto ideal entre otimismo excessivo e insuficiente.[31] Na estatística, isso é conhecido como uma relação curvilínea, em formato semelhante ao arco dourado do McDonald's. Não é bom estar em nenhum dos extremos; o melhor lugar é no meio. A ansiedade em provas escolares é um exemplo. Um nível muito baixo de excitação física (apatia, privação de sono ou uso de sedativos) pode levar a um desempenho ruim. Já a ansiedade muito alta pode interferir na realização eficiente da prova. O ponto ideal, como no conto *Cachinhos dourados*, é aquele em que há o nível justo para facilitar atenção, concentração e um bom desempenho. O otimismo parece seguir essa mesma lógica.

PESSIMISMO

E quanto ao pessimismo? Uma escala para medir pessimismo inclui afirmações como "se algo pode dar errado comigo, dará" e "quase nunca espero que coisas boas aconteçam". Em certos aspectos, o pessimismo é o oposto e a rejeição do otimismo. Assim como otimistas podem justificar fracassos, pessimistas também podem desconsiderar conquistas. Às vezes, as pessoas podem desmerecer os próprios méritos — o tão famoso ditado: "Até um relógio quebrado acerta duas vezes por dia".

Assim como o otimismo está ligado a uma série de desfechos positivos, o pessimismo, enquanto característica de personalidade, está associado a uma saúde física e emocional mais precária.[32] Um raro estudo de seguimento acompanhou estudantes inicialmente saudáveis e bem-sucedidos da Universidade de Harvard. Uma forma pessimista de pensar aos 25 anos previu doenças físicas confirmadas por exames médicos entre 20 e 35 anos depois, mesmo levando em conta os níveis iniciais de saúde física e emocional.[33]

No entanto, otimismo e pessimismo não são exatamente opostos, como quente e frio ou alto e baixo. Eles se assemelham mais a traços de masculinidade e feminilidade, que antes eram considerados opostos — isto é, a pessoa terá um traço mais destacado em detrimento do outro. Hoje, sabemos que é possível ser andrógino — possuir traços masculinos e femininos dominantes.[34] Da mesma forma, uma pessoa otimista pode ter um lado pessimista. Também é possível não ser nem otimista nem pessimista. A saúde física está mais intimamente relacionada à ausência de pessimismo do que à presença de otimismo.[35] Em outras palavras: em termos de resultados de saúde, é menos vantajoso ser otimista do que não ser pessimista, embora ambos importem.

Assim como o otimismo, o pessimismo pode ser autorrealizável. Conforme mencionado no Capítulo 2, aqueles que esperam rejeição social tendem a se comportar de forma cautelosa ou fria com os outros, aumentando as chances de serem realmente rejeitados.[36] Pessoas com um lócus de controle externo forte (Capítulo 3) podem ter crenças fatalistas de que nada podem fazer para mudar o futuro, e, portanto, nem tentam — um padrão conhecido como *desamparo aprendido*.[37] Tanto animais quanto pessoas podem desenvolver um sentimento de desamparo como consequência natural de uma incapacidade prolongada de escapar de experiências dolorosas, o que, por sua vez, pode predispor à depressão.[38] Indivíduos que já possuem um lócus de controle externo desenvolvem impotência mais facilmente após experiências de fracasso.[39] Essa passividade fatalista e a depressão associada a ela podem ser superadas ou prevenidas por meio do aprendizado de formas eficazes de exercer controle sobre o que pode ser mudado.[40] Experiências capacitadoras que fortalecem a sensação de controle pessoal podem promover a *esperança aprendida*.[41] Essa esperança pode surgir da crença na capacidade pessoal ou de uma esperança coletiva tribal de alcançar objetivos positivos juntos.[42]

O pessimismo pode ser uma estratégia mental de defesa para proteger a autoestima. Se o resultado esperado é sempre ruim (pessimismo), então o fracasso é perfeitamente normal, e qualquer realização positiva é uma surpresa agradável. Isso nem sempre é um problema. Baixas expectativas podem reduzir a ansiedade, tornando mais possível se arriscar.[43] Eu sou uma pessoa esperançosa, mas, ao administrar organizações complexas, achei útil contar com um ou dois colegas pessimistas que antecipassem qualquer coisa que pudesse dar errado. Geralmente, não me deixava levar pelo pessimismo deles, mas certamente prestava atenção aos potenciais problemas que eles imaginavam.

O CONTÁGIO DO OTIMISMO E DO PESSIMISMO

O otimismo é contagioso. Assim como uma melodia que não sai da cabeça, pode-se "pegar" otimismo de outras pessoas. O sobrevivente de campos de concentração Elie Wiesel observou que a esperança *só* pode ser transmitida a alguém por outros seres humanos.[44]

Da mesma forma, o medo também é altamente contagioso. Em um conto infantil, a galinha Henny Penny é atingida na cabeça por uma bolota que cai de uma árvore, espalhando pânico generalizado ao gritar: "O céu está caindo!". Nas igrejas dos Estados Unidos, o número de membros vem diminuindo e a congregação envelhecendo. Um membro dissemina desespero ao dizer: "A igreja está morrendo!". Enquanto isso, os mais otimistas, que já presenciaram altos e baixos em comunidades religiosas ao longo das décadas, veem nisso um novo começo. Essas visões, quando compartilhadas, podem se perpetuar, moldando a realidade para melhor ou pior, de maneira semelhante aos rumores de falta de combustível que geram filas nos postos e acabam impulsionando a venda de veículos híbridos e elétricos. Diante de uma mesma realidade, as pessoas podem adotar conclusões opostas que, ao serem compartilhadas, alteram essa realidade.

Como você é convencido de expectativas positivas ou negativas? Certamente, as crenças de pessoas importantes para você têm um peso significativo. As opiniões de quem você considera semelhante a si em aspectos relevantes tendem a ser mais influentes.[45] De forma mais ampla, as pessoas fazem juízos de valor em relação aos pontos de vista de "grupos de referência" com os quais se identificam e se comparam, permitindo que esses grupos influenciem o que acreditam e valorizam. Um grupo de referência pode ser composto, por exemplo,

> Quem são as pessoas em seus grupos de referência cujas opiniões importam para você e influenciam suas atitudes?

por membros de uma profissão, partido político ou religião. Não é necessário sequer ser membro para se identificar com um grupo; pode-se simplesmente admirá-lo ou aspirar a ser como seus integrantes.[46] Esses grupos variam na pressão que exercem para a uniformidade entre seus membros.[47] Dentro das comunidades das quais faço parte, há subgrupos bem definidos que compartilham e reforçam visões otimistas ou pessimistas sobre o futuro coletivo.

Algumas experiências discretas, mas memoráveis, podem ter efeitos profundos e duradouros na visão de mundo de uma pessoa. No clássico *Um conto de Natal* de Charles Dickens, o avarento Ebenezer Scrooge transforma-se em um homem alegre após encontros com fantasmas. De maneira semelhante, o personagem George Bailey, interpretado por Jimmy Stewart, encontra uma nova perspectiva graças ao improvável anjo Clarence no filme *A felicidade não se compra*. Na vida real, as pessoas também podem passar por mudanças permanentes, para melhor ou pior, devido a epifanias ou momentos de profunda percepção.[48] A resiliência esperançosa de Juliana de Norwich foi alimentada por visões espirituais que teve enquanto enfrentava uma doença grave.[49]

Tanto o otimismo quanto o pessimismo são vieses mentais relacionados a sistemas cerebrais.[50] Como descrito no Capítulo 2, esses vieses motivacionais influenciam o que notamos, lembramos e como interpretamos eventos. Um desses processos é a atenção seletiva a informações positivas ou negativas que confirmam nossas expectativas. Começamos a buscar evidências que reforcem nossas esperanças ou medos, prestando mais atenção a elas. Isso fortalece as crenças que motivaram a busca inicial. Quando estamos temerosos, naturalmente examinamos o mundo em busca de ameaças, o que aumenta nossa ansiedade. Pessoas deprimidas focam mais em informações desanimadoras, enquanto aquelas com raiva procuram razões para se indignar. A exposição a imagens, histórias ou notícias angustiantes aumenta a angústia psicológica e encoraja ainda mais vigilância ao perigo. Por exemplo, a exposição a notícias negativas na mídia está associada ao aumento de estresse e ansiedade, bem como uma postura de prontidão ao continuar acompanhando essas notícias, especialmente entre pessimistas.[51] Indivíduos ansiosos ou deprimidos tendem a passar mais tempo expostos a conteúdos negativos que ampliam seus medos ou pessimismo.[52] E quando falamos de *mudanças* em saúde mental? Durante a pandemia de covid-19, um período em que notícias ruins eram predominantes, o tempo gasto na internet ou assistindo à televisão correlacionou-se com declínios na saúde mental em vários países.[53]

Em contraste, os otimistas prestam mais atenção a informações esperançosas, chegando até mesmo a dedicar mais tempo visualizando imagens positivas em vez de negativas.[54] Embora esse aspecto do otimismo possa ser problemático caso leve as pessoas a ignorarem informações importantes, como riscos reais (frequentemente chamado de "negação"), não parece ser o caso mais comum. Na verdade, otimistas geralmente estão mais atentos e informados sobre riscos, sendo, em média, mais saudáveis.

O problema surge com o otimismo *irrealista* — julgar erroneamente que seu risco é menor do que realmente é.[55] Talvez você prefira evitar escalar montanhas acompanhado de um guia com níveis quixotianos de otimismo que acredita que tudo vai ficar bem. Um exemplo clássico de otimismo equivocado ocorre em projetos de construção e desenvolvimento, ao subestimar o tempo e os custos necessários. Da mesma forma, pessoas com alta tolerância ao álcool muitas vezes acreditam erroneamente que estão menos vulneráveis a danos relacionados à bebida, quando na realidade é o oposto.[56] A insensibilidade ao álcool, medida pelo nível de oscilação do corpo após doses específicas, é geneticamente influenciada e constitui um importante fator de risco para problemas relacionados ao álcool.[57] É mais ou menos como não ter um alarme de fumaça em casa para avisá-lo do perigo.

Reconhecendo que tanto o otimismo quanto o pessimismo prosperam em comunidade, os *"Optimist Clubs"* começaram a surgir nos Estados Unidos e no Canadá após a Primeira Guerra Mundial. Um século depois, há mais de 2.500 clubes autônomos em todo o mundo, focados em serviços comunitários, com ênfase particular no desenvolvimento juvenil. O credo da Optimist International inclui frases como "olhar para o lado positivo de tudo e fazer com que seu otimismo se torne realidade; pensar apenas no melhor, trabalhar apenas pelo melhor e esperar apenas o melhor".[58]

O otimismo ou o pessimismo coletivo podem moldar o futuro. Um exemplo vindo da economia é a confiança do consumidor, utilizada para prever vendas, uso de crédito e condições econômicas futuras, como recessões.[59] O otimismo coletivo pode aumentar ou diminuir dentro de um grupo ou população, influenciando a disposição das pessoas em investir no futuro. Decisões orientadas para o futuro podem incluir desde acumular poupanças e investimentos, engravidar, buscar educação superior, adquirir seguros, realizar doações, e até adotar medidas para promover e proteger a própria saúde.[60] Líderes eficazes conseguem fomentar um senso compartilhado de agência coletiva, e pessoas com maior esperança individual têm maior facilidade em aderir a esse otimismo compartilhado.[61]

O otimismo pode até mesmo afetar o passado, ao influenciar como lembramos e reinterpretamos o que já aconteceu. A história, muitas vezes escrita pelos vencedores, pode ter conteúdos significativamente diferentes quando contada pelos derrotados.[62] A expressão "uvas verdes" origina-se de uma fábula de Esopo em que uma raposa, após inúmeras tentativas frustradas de alcançar um cacho de uvas suculentas, conclui que elas estariam azedas de qualquer forma. Ela ilustra a tendência humana de desvalorizar aquilo que não conseguimos alcançar. Similarmente, é da natureza humana exagerar realizações e minimizar falhas. O contador de histórias Garrison Keillor criou narrativas humorísticas sobre sua cidade natal fictícia, Lake Wobegon, onde "todas as crianças estão acima da média". Isso deu origem ao chamado *efeito Lake Wobegon* na psicologia, que descreve como a maioria das pessoas tende a se considerar acima da média em habilidades diversas (como dirigir com segurança) e abaixo da média em riscos para uma ampla gama de perigos — algo que claramente não pode ser verdade.[63] Essa tendência é levada ao extremo no narcisismo, nomeado a partir do personagem mitológico Narciso, que se apaixonou por seu próprio reflexo em um lago e passou o resto de sua vida admirando-o. A crença narcisista é: "Sou superior aos outros em inteligência, sagacidade e competência; mereço ser admirado, e a sociedade seria perfeita se apenas eu pudesse controlá-la".

Em resumo, o otimismo é uma característica de personalidade que envolve o que você pensa, sente e faz em relação ao futuro, com uma inclinação geral para esperar e acreditar que coisas boas acontecerão.[64] Assim como a esperança de modo geral, o otimismo pode ser ativo — acreditar e agir como se seus esforços pudessem fazer diferença no que acontece — ou passivo — esperar que coisas boas surjam (ou que coisas ruins sejam evitadas) por meio dos esforços de outros ou de forças além do seu controle pessoal. Embora existam possíveis armadilhas, um estilo otimista está amplamente associado a uma ampla gama de experiências e características positivas.

> Você se considera uma pessoa mais otimista ou pessimista? Acredita que seu otimismo é mais ativo ou passivo?

Assim como ocorre com o desejo, o otimismo tende a ser mais impactante quando acompanhado por comportamentos consistentes com uma perspectiva positiva. A ação coletiva pode ser mais eficaz do que esforços individuais isolados. Após receber um transplante de coração, um amigo foi aconselhado por sua equipe de saúde a dar instruções específicas à família e aos amigos: "Não me tratem com excesso de cuidado, como se eu fosse frágil ou incapaz. Vocês podem me ajudar tratando-me como uma pessoa normal".

Além de um estilo característico, o otimismo e o pessimismo também se manifestam como escolhas contínuas, feitas no momento presente, de como experimentar e responder ao que acontece. Cada vez que você encontra um copo parcialmente cheio, decide como interpretá-lo. Um estilo otimista ou pessimista é formado por essas interpretações ao longo do tempo. Ao enfrentar incertezas, sua escolha importa porque dar o benefício da dúvida é, de fato, um benefício — nossas percepções moldam o futuro. O otimismo pode ser adotado como uma vestimenta. E, de fato, é uma escolha de cada vez que faz com que o otimismo e seus benefícios associados se manifestem.

Neste capítulo, exploramos as facetas ativas e passivas da esperança. Agora, voltaremos nossa atenção para uma forma particular de esperança, mais passiva, mas que ainda envolve uma escolha: a decisão de confiar.

LEVANDO PARA O PESSOAL: OTIMISMO

- Que tipos de experiências em sua vida podem ter inclinado você a ser mais otimista ou pessimista?
- Ao pensar em cada um de seus pais ou cuidadores, você diria que eles eram mais otimistas ou pessimistas?
- Pense em alguém que você conhece que seja particularmente pessimista. Como essa visão de mundo pode ter contribuído para dificuldades ou infelicidade no passado ou no presente?

6
Confiança

A melhor maneira de descobrir se você pode confiar em alguém é confiando.
— Ernest Hemingway

Tenha coragem suficiente para confiar no amor mais uma vez e sempre mais uma vez.
— Maya Angelou

Duas graciosas figuras deslizam como pêndulos acima do centro do picadeiro. Elevando-se em cada trapézio, sincronizam seus movimentos: uma delas pendura-se de cabeça para baixo, com os braços musculosos estendidos, enquanto a outra segura a barra, ganhando impulso e se preparando para o salto. O momento exato chega, e a trapezista se solta bem no auge do arco, girando em um salto mortal antes de estender os braços. Ela não apenas deseja que o parceiro a segure. Ela sabe, por experiência, que ele a segurará. Ela confia nele.

A confiança compartilha com as outras facetas do diamante da esperança o núcleo de antecipar um futuro benévolo. Cada faceta da esperança é um ângulo a partir do qual o futuro pode ser percebido. A probabilidade é um cálculo; a possibilidade, uma visão; o desejo, um anseio; o otimismo, uma predisposição. Já a confiança é mais uma decisão, uma escolha arriscada de confiar o próprio bem-estar aos cuidados de outra pessoa. Pode ser uma conexão momentânea, como um socorrista gritando "segure minha mão!", ou o resultado de uma experiência compartilhada ao longo do tempo. Há confiança quando você abre a boca para o dentista ou aceita anestesia antes de uma cirurgia. Em um relacionamento, é o oposto do medo: o amparo mútuo dos artistas de trapézio, da parceria dos policiais experientes e dos casais. A confiança desequilibra o medo.

De certa forma, a confiança é como o otimismo, mas está vinculada a pessoas ou objetos específicos. Você confia mais em certas pessoas do que em outras e confia em sua bicicleta ou carro para levá-lo ao seu destino. Você confia em algumas situações, enquanto teme em outras. Essa confiança geralmente se baseia em experiências anteriores com a pessoa ou situação e, portanto, ao contrário do otimismo, ela é conquistada.

Lembro-me claramente do momento em que nosso filho mais novo, Jayson, deu seu primeiro salto hesitante em nossos braços, esperando na piscina. Logo ele já estava subindo novamente e repetindo o salto com alegria: "De novo, de novo!". Isso foi ainda mais emocionante considerando o início traumático de sua vida antes de vir morar conosco aos 15 meses de idade. Durante a primeira semana após sua chegada, enquanto eu o segurava nos braços junto ao peito, ele se contorcia ansiosamente, como se tentasse ver o que acontecia atrás de si. Gradualmente, ao longo de algumas semanas, ele se acomodou, relaxou e se aconchegou quando o segurávamos. No entanto, ele não mostrava nenhum sinal de angústia se saíamos da sala, o que, segundo nossa terapeuta de família, indicava que ele provavelmente havia sido deixado sozinho com frequência. Tantas coisas já haviam acontecido antes mesmo que ele tivesse linguagem para entendê-las ou descrevê-las!

O psicólogo Erik Erikson propôs oito estágios de desenvolvimento humano que se constroem uns sobre os outros, desde a infância até a velhice.[1]

Cada um responde a uma questão existencial básica, sendo a primeira delas se o mundo é um lugar seguro e confiável. Devo confiar ou desconfiar do mundo e das pessoas ao meu redor? Se eu chorar, alguém virá? Alguém estará lá para mim? Normalmente, as pessoas resolvem essa questão de uma forma ou de outra nos primeiros 18 meses de vida, então levamos nosso menino para casa bem tarde nesse estágio de crescimento. Com cuidados confiáveis e amorosos, as crianças podem desenvolver um senso básico de confiança e segurança que as sustentará em situações e relacionamentos futuros, uma esperança duradoura que pode ajudá-las a enfrentar dificuldades e adversidades. Por outro lado, se esse primeiro estágio de desenvolvimento for resolvido de forma negativa, pode surgir uma predisposição duradoura à desconfiança, ansiedade e raiva.

No decorrer da vida, é possível passar por *experiências emocionais corretivas* que desafiam pressupostos e predisposições.[2] Elas podem ocorrer na psicoterapia e também em relacionamentos saudáveis e acolhedores. Estabelecer confiança é um passo importante em muitas profissões de ajuda.[3] Alguém que, por suas experiências de vida, geralmente espera ser tratado de maneira adversa (como criticado, julgado ou punido, por exemplo) pode encontrar uma exceção bem-vinda e curativa em um terapeuta, amigo ou cuidador confiável.

Os animais também podem confiar ou desconfiar. Os cavalos evoluíram como animais de fuga, bem equipados para serem cautelosos e escaparem de predadores. Tradicionalmente, a forma de convencer cavalos a obedecer era "domá-los" por meio de semanas de dominação e violência. (Aliás, esse também era o método utilizado no passado para tratar o vício: "domá-los para reconstruí-los", um método hoje descreditado.)[4] O domador Monty Roberts desenvolveu um método não violento e que pode ser aprendido chamado *join-up*, que, em mãos habilidosas, pode convidar um cavalo selvagem a aceitar seu primeiro cobertor, sela e cavaleiro em menos de meia hora, sem infligir dor.[5] Se um cavalo já foi abusado fisicamente, o *join-up* pode levar muito mais tempo. Assisti Monty trabalhando com sucesso com um desses cavalos, que era tão perigoso que teria sido sacrificado se o método falhasse.[6] Suas laterais traziam marcas de uma corrente com a qual havia sido açoitado. Mais recentemente, Monty tem ensinado seu método *join-up* a veteranos militares que sofrem de lesões pós-traumáticas de combate, para os quais aprender a confiar é um desafio formidável.[7]

O método *join-up* envolve confiança mútua. Tive o privilégio de vivenciá-lo pessoalmente, sozinho em um cercado redondo com um cavalo que eu não conhecia, enquanto Monty me orientava de uma plataforma de observação. Por alguns minutos, a potranca fugiu ao longo do perímetro, primeiro em uma direção, depois na outra, enquanto eu a seguia com os olhos e a postura. *Não tem como escapar desse homem estranho!* Conforme instruído, observei o cavalo a galope em busca de sinais específicos de disposição para "conversar" comigo: reduzir ligeiramente o ritmo, mover-se um pouco lateralmente em minha direção, abaixar a cabeça e fazer movimentos mastigatórios. Então, no momento exato, conforme orientado, virei as costas para o cavalo e caminhei lentamente para o centro do cercado, onde parei. Ouvi que ela também havia parado, e esperei. "Agora olhe por cima do ombro", Monty falou. Obedeci, e lá estava o focinho do cavalo, atrás de mim, como se dissesse: "Ok, o que fazemos agora?". Esse momento do *join-up* é apenas o início do desenvolvimento da confiança. Como você pode imaginar, virar as costas para um animal de meia tonelada é um ato desafiador de coragem e confiança, especialmente para os soldados traumatizados que aprendem esse método.[8]

Também depositamos nossa confiança em objetos inanimados, como uma corda, uma escada ou um sistema de navegação por satélite. Entrar em um elevador requer certo grau de confiança, talvez com alguma tranquilidade ao ver um certificado de inspeção exibido. A maioria das pessoas entra em elevadores sem pensar muito a respeito, embora algumas sintam um medo intenso. Um experimento clássico da psicologia foi projetado para determinar quando os bebês desenvolvem percepção de profundidade. Nele, os bebês deveriam rastejar em direção à mãe sobre uma superfície de vidro transparente que, a princípio, tinha um padrão quadriculado sólido por baixo, mas que, em seguida, mostrava um *penhasco visual* que fazia o chão parecer desaparecer, dando a impressão de um espaço aberto. Uma vez que a percepção de profundidade estivesse desenvolvida, a maioria dos bebês pararia diante do aparente precipício, mesmo que pudessem continuar rastejando em segurança. Esse medo tem um óbvio valor de sobrevivência. Há versões modernas do penhasco visual para entretenimento em edifícios altos, torres e no Grand Canyon, que oferecem plataformas transparentes permitindo que pessoas corajosas caminhem sobre um precipício íngreme, enquanto sua percepção de profundidade luta contra a confiança esperançosa de que o chão transparente é confiável.

Quando escoteiro, aprendi a confiar nas estrelas, usando as constelações para saber para onde estava indo. Vinte e cinco anos depois, na Austrália, ao olhar para o céu noturno, não reconheci nada. É difícil descrever o quão profundamente perturbador foi não ver nada onde deveria haver algo.

Diante de risco e incerteza, um objeto físico como o cobertor de uma criança pode trazer conforto. Algumas pessoas sentem segurança na presença de um objeto religioso ou de um companheiro confiável. Uniformes podem inspirar confiança, desconfiança ou medo, dependendo das experiências anteriores da pessoa. Um emblema ou bandeira pode ser idolatrado, imbuído de reverência e confiança absolutas, assim como uma pessoa, organização, causa, ideia ou ideologia.[9] A esperança é que você não esteja sozinho, mas acompanhado por algo confiável e dependente.

PREDISPOSIÇÃO PARA CONFIAR

Uma das muitas formas como as pessoas se distinguem umas das outras é a tendência a confiar ou desconfiar. Conforme mencionado anteriormente, essa inclinação geral se desenvolve muito cedo na vida. Em um extremo, a tendência é desconfiar de todos, a menos e até que provem ser confiáveis. "Prove que posso confiar em você" é um desafio difícil. A confiança pode ser difícil de conquistar e fácil de perder, particularmente para pessoas nesse extremo cauteloso do espectro. No extremo oposto estão aqueles que confiam por padrão, a menos que alguém demonstre não ser digno de confiança, e às vezes até muito além desse ponto. Entre esses extremos, existem variados graus de cautela.

> Onde você se situa nesse espectro entre ampla confiança e desconfiança geral?

Além de uma disposição geral para dar às pessoas o benefício da dúvida, sua inclinação para confiar pode variar dependendo da aparência ou dos modos de alguém, mesmo à primeira vista. Aparências ou comportamentos incomuns podem despertar desconfiança, e cor de pele, vestuário ou peculiaridades, como olhos inquietos, podem influenciar o conforto ou desconforto de outros. Empregados recém-contratados geralmente passam por um período de experiência formal ou informal, durante o qual sua honestidade e confiabilidade são observadas, e os empregadores diferem em quão prontamente formam essas impressões. Dentro de uma sociedade, ocupações especializadas variam em sua percepção de confiabilidade. Qual é sua predisposição para confiar em médicos, pilotos de avião, terapeutas, advogados ou clérigos? Na antiga Israel, os pastores eram os últimos da fila em termos de respeito e confiabilidade, o que torna ainda mais surpreendente que, no Evangelho de Lucas, fossem os únicos convidados a testemunhar uma chegada sagrada.[10]

Ser confiável é um privilégio, merecido ou não. Nos sistemas financeiro e prisional, curadores são indivíduos investidos de responsabilidades especiais. O que inspira confiança, seja em negócios ou em relacionamentos pessoais? A confiança é conquistada ao ser honesto, respeitoso e ao atender expectativas. O ponto de partida da confiabilidade, portanto, é entender o que é esperado de você. Como empregador, eu geralmente queria que nosso trabalho fosse bem-feito e dentro do prazo, com alguma margem para aprendizado, falibilidade humana e imprevistos da vida. Minha responsabilidade era comunicar claramente o que esperava e quando. Tive a sorte de contratar duas mulheres extraordinárias que trabalharam comigo como administradoras por vinte anos e contribuíram imensamente para o que conseguimos realizar nesse período. Elas tiveram que me treinar para trabalhar com elas, com a essência de "confie em nós e deixe-nos fazer nosso trabalho". Logo aprendi que fariam o necessário com qualidade e agilidade, sem que eu precisasse supervisionar ou verificar. Que privilégio! Nos relacionamentos pessoais e íntimos, há um desafio semelhante de compreender as esperanças, desejos e expectativas um do outro e não violar a confiança.

Há vulnerabilidade mútua em um relacionamento de confiança recíproca. Terapeutas eficazes são confiáveis em sua conduta profissional, como na confidencialidade, e também estão dispostos a compartilhar algo de si mesmos quando há uma boa razão para acreditar que isso beneficiará seus clientes. É igualmente importante que profissionais que oferecem ajuda confiem na sabedoria e nos recursos daqueles a quem servem, respeitando sua liberdade de fazer suas próprias escolhas. A confiança mútua está intimamente relacionada à felicidade em relacionamentos pessoais, organizações e nações.[11] Atos pessoais que "passam adiante" a bondade, como participar de iniciativas caridosas, parecem fortalecer esse vínculo.[12] Contribuir para o bem-estar dos outros pode aumentar seu próprio senso de confiança e felicidade. Ser confiável e responsável promove confiança.

Dar grande valor pessoal ou cultural à independência pode refletir uma relutância em confiar nos outros. Um psiquiatra da Índia, Salvador Neki, ficou intrigado com o que lhe parecia ser uma aversão à dependência nas culturas ocidentais. As pessoas, ele observou, parecem pressionadas a se tornarem independentes o mais rápido possível e, depois, se tiverem que depender novamente de outros, isso é considerado vergonhoso. Na Índia, disse ele, as crianças são encorajadas a desfrutar sua infância e, então, passar da dependência à *confiabilidade*.[13] Mais tarde na vida, é normal voltar a contar com os outros. Se uma sociedade tem apenas pessoas dependentes e independentes, perguntou o dr. Neki, quem é confiável?

É tão fácil focar nos problemas: no que está errado, no que não está indo bem. Em contraste, o campo da psicologia positiva estuda o que contribui para o potencial humano, para a felicidade, a esperança e o sucesso.[14] O *inquérito apreciativo*, por exemplo, busca descobrir, explorar e construir a partir de forças positivas.[15] O que há de *melhor*, o que traz vida e alegria a este indivíduo, grupo ou organização? O que está indo bem? De que você se orgulha? O que pode ser possível e como isso poderia acontecer? Perguntas positivas como essas podem evocar o melhor em uma pessoa ou grupo e contribuir para a construção de uma cultura de confiança e esperança mútuas.[16]

O que acontece quando a esperança é depositada na confiança em alguém ou algo, e essa confiança é violada? Assim como uma decisão, a confiança também pode mudar em um instante, às vezes tarde demais, como na famosa frase *"et tu, Brute?"* ("até tu, Brutus?"), em *Júlio César*, de Shakespeare, quando o imperador reconhece repentinamente um amigo próximo entre seus assassinos.[17] A violação da confiança, embora geralmente não letal, pode alterar a fé de alguém em uma pessoa, senão na humanidade de forma geral, e recuperar a disposição para confiar novamente pode ser extremamente difícil. Essa foi a história de um adolescente que fugiu de seu pai violento para ingressar em um mosteiro, porém foi abusado sexualmente anos depois por seu padre-confessor. Sua cura aconteceu ao longo de 20 anos, e a história termina bem, com James Finley se tornando psicoterapeuta e mentor espiritual, ajudando inúmeras outras pessoas, inclusive a mim.[18]

SUA FUNÇÃO NA CONFIANÇA

A confiança pode ser entendida como passiva, significando que a esperança (e, portanto, a responsabilidade) pela melhora é depositada em forças além de você. Nos clássicos faroestes, os moradores indefesos e oprimidos da cidade dizem ao herói salvador: "Você é nossa única esperança". No entanto, confiar em outros ou em instituições não precisa excluir — e pode, de fato, inspirar — seu próprio envolvimento ativo. Na área da saúde, você pode simplesmente esperar que os médicos façam o trabalho ou assumir um papel ativo na gestão de sua própria saúde. Especialmente no manejo de desafios de saúde de longo prazo, suas escolhas diárias têm grande influência em seu futuro bem-estar e na qualidade de vida. Além de sua propensão pessoal ao otimismo (Capítulo 5), pelo menos três outros fatores contribuem para sua capacidade de confiar: evidência, emoção e graça.

Uma consideração, então, é se a confiança é justificada com base em *evidências*, incluindo experiências passadas. Essa pessoa ou produto é confiável? O comportamento ou desempenho anterior cria expectativas de confiabilidade, seja em relação a uma pessoa, organização ou fabricante de automóveis.[19] Charlatões vendem esperança em produtos que têm poucos ou nenhum benefício além do efeito placebo discutido no Capítulo 4. Erich Fromm diferenciou a fé racional, fundamentada na confiabilidade e honestidade comprovadas, da fé irracional, "que se aceita como verdadeira independentemente de o ser ou não".[20] Embora a implicação aqui seja que só existam dois tipos de esperança ou confiança — racional e irracional — há muitos graus entre elas. Como demonstrado pelo uso de júris nos tribunais, a evidência é, em parte, algo subjetivo. Quão confiável é essa fonte ou pessoa? Quão fortes e consistentes são as evidências? Há uma dúvida razoável? Até mesmo as evidências científicas frequentemente são apresentadas como probabilidades (Capítulo 3).[21] Assim, uma contribuição que você faz para a confiança está em escolher quais fontes e evidências você considera suficientes ou convincentes.

Além da racionalidade, há componentes *emocionais* importantes na confiança e na desconfiança. Quando ponderamos sobre confiar ou não, parte da equação é como nos *sentimos* em relação à pessoa ou a um objeto. Nosso estado emocional atual, seja positivo ou negativo, afeta nossa disposição para confiar. Somos mais propensos a confiar quando nos sentimos felizes e a desconfiar quando estamos irritados ou ansiosos.[22] Considere a questão de confiar em inteligências artificiais, como um veículo autônomo. Pessoas que já estavam ansiosas antes de fazer um teste simulado tinham menos confiança na automação.[23] Julgamentos sobre a confiabilidade de alguém também são influenciados pelas emoções expressas pela pessoa. Somos mais propensos a confiar em pessoas que aparentam estar felizes ou gratas do que naquelas que expressam emoções negativas, como raiva.[24] Há uma razão por trás do "rosto feliz" que os vendedores exibem.

O ato de confiar, por si só, pode invocar uma sensação de conforto e segurança, embora o medo possa prevalecer. Confiabilidade envolve pensamento e julgamento, enquanto o medo é uma emoção primitiva de sobrevivência enraizada em uma parte muito mais antiga do cérebro. Nos romances da série *Duna*, Frank Herbert descreve o medo como "o assassino da mente", ligado às respostas de luta, fuga ou paralisia. Ele pode anular o pensamento e o julgamento, favorecendo crenças rígidas em vez de flexibilidade, cautela em vez de criatividade, e agressão em vez de cooperação.[25] A predisposição emocional pode estreitar a atenção seletiva, moldando como percebemos a realidade. O medo favorece a vigilância, a desconfiança e a evasão, em vez de curiosidade, abertura e atração.

Também é possível conceder confiança não merecida, às vezes chamada de *graça*. A capacidade de uma pessoa de confiar nos outros pode ser inspirada pela experiência de *receber* confiança, mesmo que de forma não merecida. No início do romance *Os miseráveis*, de Victor Hugo, o bondoso bispo Myriel recebe em sua casa o excondenado Jean Valjean, oferecendo-lhe jantar e um lugar para dormir. Durante a noite, Valjean escapa com talheres roubados e, ao ser aprendido, mente dizendo que o bispo os deu. A polícia o escolta de volta à cena do crime, onde o bispo, estabelecendo o fundamento para o restante do romance, confirma a história falsa de Valjean e ainda lhe dá dois preciosos castiçais de prata que ele "esquecera" de levar, lembrando-o de que prometeu se tornar um homem honesto. A confiança não merecida do bispo inspira, por fim, uma mudança de vida permanente.

Assim como o perdão, a confiança é uma decisão que só você pode tomar. Você pode escolher confiar apesar das dúvidas e do medo. Se o risco for recompensado, confiar pode abrir a porta para mais confiança, assim como o medo gera mais medo. Como demonstrado em *Os miseráveis*, oferecer confiança injustificada a alguém pode inspirar confiabilidade e, ao menos, oferece uma oportunidade para demonstrá-la.

> Pense nas pessoas em quem você mais confiou. Como você decide se alguém é uma pessoa em quem você deve confiar?

Quantas vezes devemos perdoar ou confiar? "Até sete vezes?", perguntou um discípulo ao sábio mestre. "Não sete, mas setenta e sete", foi a resposta surpreendente do mestre — ou seja, além de nossa capacidade de contabilizar.[26] A graça é quando a confiança em alguém ultrapassa o seu merecimento.

CONFIAR EM SI MESMO

A confiança e a graça podem ser estendidas não apenas aos outros, mas também a si mesmo. Autoconfiança pode ser um desafio particular para algumas pessoas, embora, em geral, tendamos a ser diferentemente generosos conosco. Esse é um achado psicológico bem documentado chamado *efeito melhor que a média* (ou efeito Lake Wobegon, mencionado no Capítulo 5), especialmente em relação a habilidades e traços desejáveis, como justiça, preparo físico, capacidade de ouvir e inteligência.[27] Podemos até nos comparar favoravelmente aos outros em humildade.[28] Uma boa parcela de motoristas afirma que suas habilidades de direção são acima da média. Em um estudo, 94% dos professores universitários classificaram a si mesmos como acima da média na docência, e dois terços se posicionaram entre os 25% melhores.[29]

Alguns perigos óbvios do excesso de confiança são a complacência (por exemplo, não estudar para uma prova) e a falta de inclinação para melhorar. Ironicamente, são as pessoas mais habilidosas que tendem a subestimar sua capacidade, enquanto aquelas com menos habilidade parecem desconhecê-la completamente ("Eu sei o que estou fazendo! Sem problemas!").[30] Ao contrário dos cirurgiões, psicoterapeutas raramente se tornam mais habilidosos ao longo dos anos de prática.[31] Os terapeutas mais eficazes são aqueles que dedicam tempo e esforço deliberados para praticar e continuar desenvolvendo suas habilidades além das horas de atendimento aos clientes, assim como músicos passam inúmeras horas ensaiando fora das apresentações.[32] Talvez a humildade em relação à própria experiência motive o esforço contínuo para melhorar, resultando em maior competência.

Tive uma experiência humilhante — no bom sentido da palavra! — quando decidi avaliar minha própria docência. Como professor universitário, já havia recebido inúmeras avaliações subjetivas de estudantes, mas, nesta ocasião, meu interesse específico era saber o quanto as pessoas estavam realmente aprendendo a habilidade que eu queria ensinar. A proficiência a ser aprendida era a habilidade clínica de entrevista motivacional, e os participantes do treinamento eram conselheiros em período de experiência.[33] Logo após um *workshop* clínico de dois dias e, novamente, quatro meses depois, solicitamos as habituais avaliações escritas sobre o treinamento, o quanto aprenderam e o quanto estavam utilizando as habilidades no trabalho diário. Contudo, desta vez, também gravamos áudios das sessões de aconselhamento dos participantes com supervisionados antes e depois do *workshop* e pedimos a observadores treinados que codificassem as gravações com base em habilidades específicas abordadas durante o treinamento.[34] Nas autoavaliações dos participantes, recebemos elogios entusiasmados sobre a qualidade do treinamento, o aumento de sua proficiência em entrevista motivacional e a utilidade das novas habilidades adquiridas em seu trabalho cotidiano. No entanto, a prática real mostrou poucas mudanças. Não houve redução no tempo de fala dos conselheiros, no número de perguntas feitas ou nas respostas inconsistentes com a entrevista motivacional, tampouco mudança na forma como seus clientes respondiam. Quatro meses após o treinamento, havia pouca evidência de que eu havia estado lá. O que inspirei foi uma confiança falsa.

Isso foi difícil de processar, é claro, mas eu não deveria ter ficado surpreso. Estreitamente relacionado ao "efeito melhor que a média" está o *efeito Dunning-Kruger*, que, de forma direta, afirma que ignoramos, com alegria, nossa incompetência, e que os piores desempenhos tendem a ser daqueles indivíduos que mais superestimam sua competência.[35] Eu poderia ter culpado os alunos por não terem aprendido, mas a responsabilidade era minha. Claramente, eu não havia ensinado de forma eficaz o que pretendia que aprendessem. O estudo nos ajudou a fazer perguntas melhores. Em vez de "funcionou?", começamos a perguntar: "O que é necessário para aprender essa habilidade complexa?". Descobrimos rapidamente que um *feedback* modesto adicional e um treinamento baseado na prática observada eram suficientes para ajudar os participantes a aprender e manter a proficiência em habilidades clínicas.[36]

Julgar com precisão nossa própria habilidade é difícil, mas possível. Em escalas de classificação, como "quão bom ouvinte você é?", tendemos a ser jurados imprecisos de nossa própria competência, ou seja, nossas autoavaliações não correspondem bem às avaliações de observadores objetivos. É mais fácil contar respostas específicas em gravações de seu próprio trabalho: quantas vezes você fez coisas específicas, como fazer uma pergunta, praticar a escuta reflexiva ou oferecer encorajamento? Ainda me lembro da primeira vez que assisti (junto a colegas de pós-graduação e um professor) a uma gravação minha como entrevistador. Fiquei envergonhado e considerei seriamente mudar de profissão, mas essa é uma experiência comum ao se observar pela primeira vez em prática. Hoje sei que revisar gravações é uma das formas mais valiosas de prática intencional para melhorar habilidades interpessoais, idealmente na companhia de um treinador e colegas oferecendo apoio. Isso é amplamente utilizado em esportes, música ou oratória.

"Confie, mas se certifique" é um provérbio russo (*doveryai, no proveryai*) que o presidente Ronald Reagan introduziu nas negociações internacionais sobre desarmamento nuclear. *Confiar, mas se certificar* pode ser a atitude mais sábia ao autoavaliar-se. Na ausência de informações verificáveis, tendemos a superestimar nossas próprias habilidades e virtudes, o que pode minar a motivação para melhorar. Ser observado enquanto aprende novas habilidades é comum e um elemento essencial de treinamento em muitos campos, como música, medicina e teatro. Em esportes como tênis e golfe, quando pedimos a alguém com domínio técnico que nos treine, jamais dizemos: "Mas não me observe — isso me envergonharia". Pedir observação e orientação é um ato de confiança, tanto no professor ou mentor quanto em si mesmo.

Como forma de esperança, a confiança é depositada em uma pessoa ou objeto específico. Ela é diferente de apostar na probabilidade estatística, possibilidade, desejo ou otimismo geral. Não precisa, necessariamente, estar baseada em experiências passadas. Alguém que solicita ajuda de um profissional (como um encanador, médico, técnico ou consultor) pode nunca ter tido contato anterior com essa pessoa e, provavelmente, prestará atenção para julgar sua confiabilidade, de maneira semelhante a fazer um teste de direção em um veículo antes de comprá-lo. Confiar é uma escolha e um relacionamento de esperança.

Embora a confiança seja frequentemente externa, depositada em alguém ou algo além de si mesmo, outras formas de esperança parecem se concentrar mais na experiência interna. O próximo capítulo considera como a esperança pode surgir do significado e do propósito que encontramos no que acontece.

LEVANDO PARA O PESSOAL: CONFIANÇA

- Alguma vez você teve bons resultados ao escolher ser vulnerável e confiar em alguém? Como foi?
- Consegue pensar em uma "experiência emocional corretiva" em sua própria vida ou na vida de alguém que você conhece?
- Em quais situações você acha que "confiar, mas se certificar" é apropriado, e em quais é melhor simplesmente confiar em alguém?
- Alguma vez alguém já estendeu sua graça — confiança ou perdão não merecidos — a você? Como foi?

7
Significado e propósito

*A esperança não é a certeza de que tudo terminará bem.
A esperança é, simplesmente, o sentimento de que
a vida e o trabalho têm um significado...
a certeza de que algo faz sentido,
independentemente de como termina.*
— Vaclav Havel

*Não somos chamados para sermos bem-sucedidos,
e sim para sermos fiéis.*
— Madre Teresa de Calcutá

Ao conseguir um papel que em breve o tornaria famoso, o ator de 1,93 metros de altura, Christopher Reeve, malhou seu corpo magro para que ele preenchesse seu traje, tanto que algumas das cenas gravadas no início do primeiro filme do Super-homem precisaram ser refeitas porque sua aparência havia mudado drasticamente. O filme foi um grande sucesso, e ele brilhou em duas sequências.

Então, aos 42 anos, Reeve participava de uma competição de equitação quando seu cavalo parou abruptamente pouco antes de um salto, catapultando-o para além da cerca. Ele caiu com força, e as duas vértebras superiores de sua coluna foram esmagadas, deixando-o paralisado do pescoço para baixo.[1]

Sua esperança sem precedentes era voltar a andar antes de completar 50 anos. Embora especialistas médicos tenham desencorajado essa meta, ele tentou uma variedade de tratamentos e conseguiu recuperar alguma sensação e movimento, tornando-se um intrépido defensor público da busca por uma cura para a paralisia. Ele faleceu aos 52 anos, e a Christopher & Dana Reeve Foundation continua sua busca ao financiar pesquisas sobre lesões na medula espinal e seus tratamentos.

Por que estamos aqui? Até onde sabemos, essa não é uma pergunta que outras criaturas fazem a si mesmas, mas ao menos alguns seres humanos a fazem. Algumas pessoas vagam pelo mundo em busca de significado e propósito na vida. Friedrich Nietzsche observou que quem "tiver um porquê para viver pode suportar quase qualquer como". O otimismo é uma propensão a antecipar finais positivos em muitos aspectos da vida, enquanto a confiança encontra uma fonte específica de segurança. Agora voltamos nossa atenção para outro aspecto da esperança: encontrar significado ou propósito no que quer que esteja acontecendo, seja benéfico ou não.

SIGNIFICADO NA VIDA

Significado e propósito são diferentes, embora relacionados. Perceber *significado* na vida pode oferecer um senso de coerência, reconhecimento e compreensão do que está acontecendo. Pode, por exemplo, ser percebido como o desdobramento gradual de um grande plano, como a teoria socioeconômica de Karl Marx, uma conspiração organizada e oculta, ou a progressão espiritual de um plano cósmico. O significado pode ser percebido à distância, sem a necessidade de envolvimento ou responsabilidade pessoal. Perceber *propósito* na vida, por outro lado, inclui um papel pessoal no presente e no futuro.

Em 1952, com mais uma guerra brutal começando apenas alguns anos após a Segunda Guerra Mundial, uma equipe de compositores foi encarregada de criar uma música para um programa de TV, com o objetivo de oferecer esperança ao público. A música que compuseram, "I Believe", foi o primeiro grande sucesso musical apresentado na TV, tornando-se amplamente popular nos Estados Unidos e, particularmente, no Reino Unido, onde estabeleceu um recorde ainda não superado de 35 semanas consecutivas no Top 10 das paradas de *singles*. A letra da música transmitia um significado esperançoso em meio às dificuldades presentes e além delas. Foi gravada por dezenas de artistas populares, como Frankie Laine, Louis Armstrong, Elvis Presley e Barbra Streisand, e executada por inúmeros coros. Parece haver uma fome humana por encontrar significado na vida.

O significado se baseia em crenças e valores profundamente arraigados, pintando um quadro maior do que os detalhes do presente.[2] Ele fornece um contexto mais amplo para compreender as adversidades atuais, como se diminuísse o *zoom* de uma visão para obter uma perspectiva mais ampla. Ter um senso de significado sobre o que está acontecendo e para além disso pode oferecer certo distanciamento em relação às dificuldades atuais.[3] Para povos oprimidos, uma visão de liberdade futura, mesmo que distante, pode ser uma fonte de esperança. Essa esperança é encontrada nas canções *folk* religiosas afro-americanas que emergiram durante os horrores da escravidão, em que palavras como *lar*, *Canaã* e *terra prometida* podiam antecipar a liberdade real nesta vida. Algumas canções como "Follow the Drinking Gourd" continham instruções codificadas para um caminho à liberdade, sendo *"gourd"* (cabaça) uma referência à constelação Ursa Maior, uma constelação que lembra o formato de uma concha ou cabaça e que, no Hemisfério Norte, aponta para a Estrela do Norte.

O significado como fonte de esperança pode ser uma visão confiante de que há um futuro melhor para o qual a história está inevitavelmente se movendo, mesmo que não de maneira rápida ou constante. Essa inevitabilidade esperançosa foi transmitida no discurso final de Martin Luther King Jr., intitulado "Eu estive no topo da montanha" ("*I've been to the mountaintop*"), na noite anterior ao seu assassinato:

> Como qualquer um, eu gostaria de viver uma longa vida. Longevidade tem seu lugar. Mas não estou preocupado com isso agora. Só quero fazer a vontade de Deus. E Ele me permitiu subir à montanha. E eu enxerguei além. E vi a terra prometida. Talvez eu não chegue lá com vocês. Mas esta noite quero que saibam que nós, enquanto povo, chegaremos à terra prometida.[4]

Mahatma Gandhi também confiava que a "força da verdade" (*Satyāgraha*) da resistência não violenta superaria a opressão, e sua visão individual tornou-se um movimento social. A esperança inevitável é a confiança shakespeariana de que, no final, "a verdade virá à tona" e o que está oculto será finalmente revelado. Enquanto escrevo, o povo da Ucrânia manifesta uma determinação coletiva de resistir à invasão de sua nação.

Algumas formas de esperança fundamentadas no significado *transcendem* a realidade material. Certas religiões mundiais, por exemplo, oferecem a promessa de um futuro melhor na reencarnação ou em uma vida após a morte livre de sofrimento.[5] Programas de recuperação em doze passos, como o Alcoólicos Anônimos, frequentemente mal compreendidos como grupos de "autoajuda", colocam sua fé em um Poder Superior: "Viemos a acreditar que um poder maior do que nós poderia devolver-nos a sanidade".[6]

A esperança tem a ver com futuros possíveis, tanto os vislumbrados com clareza quanto aqueles em que simplesmente confiamos. Às vezes, a falta de esperança é uma incapacidade de imaginar qualquer futuro diferente do presente. "Isso é tudo o que eu conheço", alguém pode dizer com verdade sobre uma vida dominada por violência, abuso, drogas e pobreza. Um futuro vislumbrado pode ser repentinamente destruído quando eventos como um acidente vascular encefálico, encarceramento ou furacão interferem. Pode ser estressante até mesmo ter esperança em um futuro melhor, quanto mais planejar para ele.[7] Quando um ente querido desaparece subitamente e sua situação é incerta, a perda é ambígua e os futuros possíveis podem se dissolver.[8] Um sobrevivente dos campos de concentração nazistas, o psiquiatra

Viktor Frankl desenvolveu uma nova forma de psicoterapia chamada *logoterapia* para ajudar as pessoas a descobrirem ou recuperarem o significado de suas vidas.[9]

Além de imaginários específicos sobre o futuro, pode-se ter fé no significado da vida, mesmo que esse significado seja elusivo. Essa é a convicção de que deve haver significância no sofrimento ou na tragédia.[10] Uma visão oposta é o niilismo: a crença de que não há significado inerente ou oculto na vida, e, portanto, se você deseja encontrar significado, precisa criá-lo por conta própria.[11] Seja qual for, o significado importa.

Mudança quântica

O senso de significado na vida pode mudar drasticamente por meio de percepções repentinas ou epifanias, como na história de Ebenezer Scrooge, no conto de Charles Dickens de 1843, *Um Conto de Natal*. Em 1902, William James chamou isso de mudança do "tipo rendição", descrevendo transformações abruptas e duradouras, que são diferentes da experiência mais familiar de mudanças graduais, com dois passos à frente e um para trás. Mas isso realmente acontece na vida real?

Tendo estudado pessoalmente esse fenômeno, posso afirmar com clareza que ele ocorre, e que tais metamorfoses humanas não são raras.[12] Aqueles que passaram por uma *mudança quântica* se lembram da experiência de forma vívida, mesmo décadas depois. Nosso grupo de pesquisa entrevistou 55 dessas pessoas que estavam ansiosas para contar suas histórias e ficaram fascinadas ao saber que outros também haviam vivido experiências semelhantes. É um evento distintivo e extraordinário que normalmente dura alguns minutos ou horas, estranho o suficiente para que a maioria das pessoas tenha contado a muito poucos ou a ninguém sobre o que aconteceu. A experiência pegou-os de surpresa, e eles tinham uma clara sensação de que não eram eles mesmos por trás dela. As mudanças que ocorreram foram profundamente benéficas e aparentemente permanentes, como se tivessem atravessado uma porta sem volta. Quando entrevistadas novamente, dez anos depois, essas pessoas relataram que sua transformação havia perdurado e, muitas vezes, se expandido.[13]

De certa forma, o que mudou para elas foi seu senso de significado ou propósito na vida. Tais mudanças às vezes ocorrem em experiências de quase-morte,[14] embora nenhuma das pessoas que entrevistamos tenha estado perto da morte quando o evento aconteceu. Cerca de metade estava em intenso estresse ou dor, enquanto muitas outras estavam, como Scrooge, simplesmente vivendo suas vidas comuns quando o inesperado bateu à porta. Muitas vezes, seus valores foram completamente alterados; o que antes era mais importante agora ficava em último plano, e aspectos anteriormente menos valorizados tornaram-se centrais. Homens e mulheres se afastaram dos estereótipos de papéis de gênero e tornaram-se mais semelhantes uns aos outros. Impressionavam-nos por sua profunda paz, segurança e esperança. Muitos deles perguntavam: "Por que eu? Como fui eu, de todas as pessoas, tão afortunado de ter tido essa experiência?".

Há também transformações mais sombrias, quando a vida é abruptamente virada de cabeça para baixo, como ao sofrer a morte de um filho, perder um emprego, ter a carreira destruída ou ser vítima de violência. Foi o caso da lesão e paralisia repentinas de Christopher Reeve. Rotinas familiares e pressupostos sagrados da vida são subvertidos. A sensação pode ser de se sentir despedaçado ou perdido no mar, como se todas as peças da sua vida fossem repentinamente lançadas ao ar e espalhadas ao vento. Isso pode se transformar em lutas espirituais ou existenciais. Quem sou eu agora? Como vou viver? Por que estou aqui? Qual é o propósito? Por mais angustiantes que sejam, essas crises também podem resultar em crescimento e uma nova vida.[15] Na verdade, a teoria de desenvolvimento de Erik Erikson (mencionada no Capítulo 6) sustenta que o crescimento emerge da resposta às crises psicológicas de sucessivos estágios da vida.

> Já houve momentos em sua vida em que você enfrentou uma crise ou dificuldade psicológica que, por fim, resultou em crescimento positivo?

Viver com esperança

Existem algumas perspectivas amplas e esperançosas sobre o significado da vida. Uma delas é viver com uma mentalidade de gratidão, apreciando até mesmo as pequenas coisas. Essa forma de pensar resiste ativamente ao sentimento de estar sempre no direito de algo a mais ou de considerar a bondade e os prazeres como garantidos. Pode ser percebida em atos simples, como desacelerar para aproveitar o canto dos pássaros ou um pôr do sol. A gratidão inclui notar, saborear e reconhecer o que há de bom, mesmo em meio à adversidade. Essas perspectivas podem se tornar parte de uma cultura. Na Costa Rica, a expressão *pura vida* transmite um senso de gratidão pelo que se tem na vida. Assim como *aloha* em havaiano, *pura vida* pode ser uma forma graciosa de saudação ou despedida e um estilo de vida. Quando ocorre um infortúnio — um voo cancelado, uma oportunidade perdida — dizer *pura vida* é uma maneira de desacelerar e manter um afastamento saudável dos imprevistos. Uma vez, na Pensilvânia, ao visitar uma comunidade Amish, perguntei a um homem por que eles evitam automóveis em favor de carroças puxadas por cavalos, e sua resposta me surpreendeu: "Automóveis dão doença da pressa", ele disse. A frase suaíli *hakuna matata*, popularizada no filme *O Rei Leão*, defende viver de forma simples e apreciar a beleza da vida. No norueguês e no dinamarquês, o valor cultural de *hygge* transmite a sensação de aconchego em comunidade, assim como um estado psicológico de contentamento e plenitude.[16]

A esperança também pode se manifestar como um compromisso existencial com a jornada da vida, sem apego a resultados específicos, uma confiança serena para viver sem necessidade de encerramento.[17] Nas palavras do sacerdote e cientista francês Pierre Teilhard de Chardin, cujos livros foram proibidos pela Igreja Católica durante sua vida: "Estou contente em caminhar até o fim por uma estrada da qual tenho cada vez mais certeza, em direção a um horizonte cada vez mais envolto em névoa".[18]

PROPÓSITO NA VIDA

Ter *propósito* inclui não só perceber significado na vida, mas também desempenhar um papel pessoal significativo, com implicações em *como* viver. Nosso propósito na vida é a *razão para* estarmos aqui, é o que somos chamados a fazer, e não apenas contra o que lutamos ou o que tememos.[19] Muitas vezes, isso se reflete na devoção a uma pessoa, organização, causa ou dever. Assim como o otimismo, ter um propósito na vida prediz longevidade, satisfação, bem-estar psicológico e um envelhecimento saudável,[20] enquanto um baixo propósito na vida está associado a ansiedade, desmoralização, depressão e doenças médicas.[21] Para pessoas com transtornos por uso de substâncias, a desmoralização está vinculada a um risco maior de recaída.[22] O significado e o propósito na vida são questões particularmente importantes para idosos, já que o propósito na vida tende a diminuir com o envelhecimento.[23] Além de seus vínculos mais amplos com a saúde física e mental ao longo da vida, o propósito na vida está associado a um risco significativamente menor de demência no envelhecimento.[24] Um possível fator contribuinte é que idosos com maior propósito na vida têm maior probabilidade de manter exames preventivos em dia, utilizar serviços de saúde e passar menos noites no hospital.[25] Viver com um propósito na vida está ligado à integração social (em oposição ao isolamento) e à quantidade e qualidade das relações sociais.[26] Um casal na faixa dos 80 anos uma vez me ofereceu um sábio conselho sobre envelhecer: "Faça amigos mais jovens".

> Se você fosse escrever uma "declaração de missão" descrevendo o propósito de sua vida, qual seria?

O propósito na vida também é um recurso importante para lidar com doenças crônicas.[27] Nosso grupo de pesquisa ofereceu consultas psicológicas para o programa New Heart, um programa de reabilitação cardiovascular de 12 semanas em Albuquerque que oferecia orientação sobre dieta e exercícios para pessoas que haviam sofrido um ataque cardíaco recentemente.[28] Nosso foco era encontrar as motivações pessoais dos pacientes para fazerem as mudanças de estilo de vida necessárias a longo prazo. Inicialmente, presumimos que evitar outro ataque cardíaco seria um motivador suficiente, mas, como descobrimos, uma questão-chave era: "Por que você quer viver?". O medo da morte provou ser um estímulo menos potente para mudança do que suas próprias razões para a longevidade:

Quero conhecer meus netos.
Ainda tenho trabalho a fazer.
Minha família precisa de mim.
É hora de eu começar a aproveitar a vida.

Essas eram as vozes internas que ajudavam as pessoas a começarem ou continuarem a se exercitar, reduzir o estresse e mudar seus hábitos alimentares. Elas tinham uma razão para viver.

Esperança profética

A profecia lida com o futuro e, portanto, se sobrepõe ao domínio da esperança. Os profetas não se dedicam principalmente a prever eventos futuros, mas a vislumbrar um futuro melhor e oferecer uma crítica cheia de significado do presente, acompanhada de conselhos prescritivos sobre como viver.[29] Eles veem como podemos e devemos ser. Os futuros imaginados por Mahatma Gandhi e Martin Luther King Jr. convocavam as pessoas a um propósito na vida, uma forma de viver não violenta que realizaria a visão.

Antecipando o que pode ou irá acontecer, os profetas oferecem esperança, assim como críticas ao presente, frequentemente impelidos a dizer e fazer coisas perturbadoras que vão completamente contra a política popular de sua época. Nenhum dos profetas hebreus bíblicos ficou feliz com seu chamado ou mensagem. No caso de Jeremias, por 20 anos ele pregou a queda de sua própria nação, uma desgraça que inevitavelmente recairia sobre ele também. Como você pode imaginar, essa profecia não o tornou popular. Aterrorizado pela perspectiva de seu país ser invadido, o povo da Judeia agarrava-se a visões de glória nacional e à certeza de que Deus estava ao seu lado e os protegeria. Aos reis da Judeia, Jeremias aconselhava negociação e submissão ao inimigo. Não é surpresa, então, que, como muitos profetas antigos e modernos, ele tenha sofrido ostracismo, prisão e tentativas de assassinato. E então aconteceu.

Volte ao século VI a.C., um ponto de virada sombrio na vida do reino de Judá e de sua capital, Jerusalém. O reino encontrava-se entre dois poderosos impérios em guerra: Assíria e Egito. O rei nacionalista Josias, que havia formado uma aliança com a Babilônia, foi capturado e executado pelos egípcios. Seu filho Joaquim então apostou no Egito e parou de pagar tributo à Babilônia. Como resultado, o rei assírio Nabucodonosor invadiu Jerusalém e exilou a realeza, intelectuais, líderes, sacerdotes e profetas para a Babilônia, próxima à moderna Bagdá.

Imagine que a cidade onde você viveu toda a sua vida é conquistada por uma superpotência vizinha. Muitos dos seus amigos e vizinhos estão mortos, assim como alguns de seus familiares. Seu nome aparece em uma lista de suspeitos, e uma noite, soldados batem à sua porta, prendem-no e o transportam para uma terra distante como prisioneiro. Você não fala o idioma. Não gosta da comida. Despreza a religião nacional. Tudo o que lhe é familiar — sua comunidade, casa, escolas, locais de culto, trabalho, entes queridos, riqueza — desapareceu. Como um estrangeiro odiado, você terá apenas trabalhos árduos e servis, sem influência, e viverá na pobreza até o dia de sua morte.

Esse é o grupo desolado ao qual Jeremias dirigiu uma carta. Ele foi abandonado em Jerusalém porque havia defendido publicamente a submissão à Babilônia e, por isso, era visto como um amigo leal do exército ocupante. Então, o que Jeremias agora diz ao seu povo no exílio, vivendo na Babilônia? Em vez de dizer "Eu avisei", ele oferece estas palavras de conselho, imaginando um futuro esperançoso nas circunstâncias presentes:

> Construam casas e morem nelas; plantem jardins e comam o que eles produzem. Tomem esposas e tenham filhos e filhas; escolham esposas para seus filhos e deem suas filhas em casamento, para que tenham filhos e filhas; multipliquem-se ali, e não diminuam. Mas busquem o bem-estar da cidade para onde os exilados foram enviados, e orem ao Senhor em favor dela, pois no bem-estar dela vocês encontrarão o seu bem-estar.[30]

Ao encontrar significado no que estava acontecendo, ele aconselhou agir com esperança e viver com propósito. Alguns anos depois, Jeremias teria a oportunidade de seguir seu próprio conselho. Jerusalém mais uma vez se rebelara contra a Babilônia, e o rei Nabucodonosor novamente cercou a cidade, cortando seus suprimentos. A morte vagava pelas ruas, e desta vez a fome era tão severa que o povo recorrera ao canibalismo. O exército assírio estava literalmente às portas e, dentro de poucos dias, invadiria os muros, massacraria seus habitantes e queimaria a cidade até o chão. Foi nesse dia que Jeremias recebeu a notícia da morte de seu primo, o que, por lei, lhe dava o direito de comprar um campo pertencente ao primo. Não era exatamente um mercado favorável para vendedores, mas Jeremias reuniu as testemunhas necessárias e comprou o campo como um ato profético de esperança.

Dezoito séculos depois, um jovem sacerdote italiano também viveu em uma época marcada pelo medo de um inimigo aterrorizante. O ano era 1219, e os adversários da Europa eram as nações do Islã, vilificadas como um império do mal. As cruzadas já haviam sido um desastre militar por 120 anos, destruindo cidades do Oriente Médio e incontáveis vidas de ambos os lados. Com a bênção da Igreja, os exércitos da Quinta Cruzada marcharam novamente para atacar o Egito, tentando recuperar as terras santas. Nesse tempo de medo, quando qualquer conversa de negociação sugeria fraqueza, o jovem sacerdote lutava com sua consciência. Se expressasse o que pensava e sentia, seria certamente considerado um tolo e um traidor, talvez até excomungado. Se permanecesse em silêncio, sabia que não conseguiria viver com sua própria consciência. Então, ele viajou para o *front*, ao Egito, para encontrar-se com líderes islâmicos e cristãos, aconselhando paz e entendimento mútuo. Ele falhou, assim como a Quinta, Sexta, Sétima e Oitava Cruzadas nos 50 anos seguintes. Não conseguiu parar a guerra, mas foi fiel à sua consciência e ao propósito de sua vida, fazendo o pouco que podia para promover a paz e a esperança. Seu nome era Francisco de Assis.

Setecentos anos depois, um jovem judeu chamado Elie Wiesel estaria entre os sobreviventes dos campos de extermínio nazistas, onde milhões foram massacrados. Nos 50 anos seguintes de sua vida, Wiesel lutaria com a perda traumatizante de sua fé e com a questão de como viver em um mundo onde tal mal monstruoso é possível. Em sua biografia *Elie Wiesel: Messenger to All Humanity*, Robert McAfee Brown narra as etapas de escuridão pelas quais Wiesel passou, refletidas em seus escritos. O mundo é um lugar irremediavelmente maligno? Devemos nos retirar em desespero? Finalmente, após décadas de luta espiritual, Wiesel concluiu que, com ou sem Deus, a forma de viver com integridade em um mundo possuído pelo mal é viver *contra* esse mal, comprometendo-se a fazer a diferença de forma positiva com o tempo e recursos que se tem.

Assim como os profetas antigos e modernos, é possível sentir esperança e desespero simultaneamente. Não é necessário escolher entre eles, pois ambos contêm verdades e possibilidades para o futuro.[31] Elie Wiesel, Martin Luther King Jr. e Mahatma Gandhi enfrentaram de frente a realidade de seus tempos, assim como Dolores Huerta, cofundadora da United Farm Workers; Fannie Lou Hamer, que superou a pobreza no Mississippi para se tornar uma liderança nos movimentos pelos direitos civis e pelo sufrágio; e Sunitha Krishnan, fundadora da Prajwala na Índia, que resgata e reabilita vítimas do tráfico sexual. Todos eles lamentaram a violência e a opressão esmagadoras sofridas por seu povo e se recusaram a não fazer nada. A esperança e a angústia compartilham o berço do futuro e, juntas, podem alimentar a perseverança.

> **LEVANDO PARA O PESSOAL:**
> **SIGNIFICADO E PROPÓSITO**
>
> - Como é possível vivenciar esperança e desespero simultaneamente? Essa experiência é familiar para você?
> - Se o significado é uma estrutura por meio da qual você vive e dá sentido à sua vida, qual é a lente através da qual você atualmente enxerga o que acontece com você e ao seu redor? Como você chegou a essa perspectiva sobre a vida?
> - Você ou alguém que você conhece já teve uma experiência que, de forma repentina e dramática, mudou o sentido e o propósito da vida? Como ela aconteceu?

8
Perseverança

Caia sete vezes, levante-se oito.
— Provérbio Japonês

A maioria das coisas importantes no mundo foram realizadas por pessoas que continuaram tentando mesmo quando parecia não haver esperança alguma.
— Dale Carnegie

Os *pueblos* do sudoeste americano são comunidades tradicionais dos povos indígenas. Algumas dessas localidades estão continuamente ocupadas há mais de mil anos, tornando-as as cidades mais antigas no território que hoje constitui os Estados Unidos. Essas comunidades sobreviveram a fomes, secas, mudanças climáticas, doenças e violência genocida, incluindo morte e destruição causadas por conquistadores determinados a sobrepujar antigas línguas e tradições, forçando novos costumes aos moradores dos *pueblos*. Com o tempo, o catolicismo foi assimilado, e igrejas hoje se erguem acima do solo, complementando as *kivas* subterrâneas onde as religiões e tradições nativas ainda sobrevivem. Nos *pueblos*, persiste um senso comunitário de continuidade e resiliência: "Ainda estamos aqui".

A maioria das comunidades dos *pueblos* celebra festas sazonais, muitas das quais são abertas ao público e geralmente incluem danças cerimoniais realizadas por membros das tribos, com observâncias que podem durar horas ou dias. Embora as precipitações no Sudoeste tendam a ser escassas, com uma média de apenas 200 a 230 mm anuais sobre áreas vastas de terra, tempestades podem ocorrer, dispersando turistas em busca de abrigo. No entanto, independentemente do clima, os celebrantes continuam dançando.

Será que a esperança inspira a persistência, ou a perseverança desperta a esperança? É como a clássica pergunta de qual veio primeiro, o ovo ou a galinha. Pensamentos, sentimentos e ações estão intimamente interligados. Nos capítulos anteriores, consideramos aspectos da esperança que envolvem misturas de pensamento e sentimento, crenças e emoções. Agora, voltamo-nos ao *fazer* como uma forma de esperança. Como observou o autor David Orr: "Esperar é um verbo com as mangas arregaçadas".

AÇÃO DESPERTA ESPERANÇA

Perseverar é continuar tentando, apesar dos obstáculos ou da oposição, é buscar o que é difícil mesmo depois que muitos otimistas e realistas já desistiram há muito tempo.[1] Pode-se pensar que a esperança precede logicamente e inspira a ação, e isso é verdade, como veremos mais adiante neste capítulo. No entanto, também é verdade que a perseverança é, em si mesma, uma forma ativa de esperança. A resistência não apenas expressa, mas desempenha a esperança.

Perseverança é diferente de persistência, esta que é meramente continuar fazendo a mesma coisa que não está funcionando. Um ditado popular em grupos de 12 passos diz que "loucura é fazer a mesma coisa repetidamente e esperar resultados diferentes". Frustrados pela não adesão dos pacientes aos seus conselhos, médicos às vezes reclamam: "*Eu falo e falo, e eles ainda assim não mudam!*". Talvez o problema esteja no ato de *dizer*, no *modo* de aconselhar; e uma abordagem mais colaborativa poderia gerar melhores resultados.² Quando uma abordagem não está funcionando, perseverar envolve manter o foco no objetivo e experimentar caminhos diferentes para alcançá-lo. Em sua autobiografia *Long Walk to Freedom*, Nelson Mandela comentou: "Parte de ser otimista é manter a cabeça voltada para o sol e os pés seguindo em frente. Houve muitos momentos sombrios em que minha fé na humanidade foi severamente testada, mas eu não podia, e não conseguia, render-me ao desespero. Esse caminho leva à derrota e à morte". Continuar dando um passo após o outro é um ato de esperança.

Essa tenacidade frequentemente é recompensada. Em vez de interpretar esforços ineficazes como fracassos, podemos entendê-los como *tentativas*. Pessoas que tentam parar de fumar, por exemplo, normalmente passam por várias tentativas sérias antes de finalmente escaparem do vício da nicotina. Ao fazer grandes ou até pequenas mudanças na vida, não é surpreendente que uma única tentativa não seja suficiente. Aspirantes a atores e vendedores que fazem *telemarketing* geralmente enfrentam muitas rejeições antes de ouvir um sim. O próprio ato de tentar é uma forma de esperança. Barack Obama observou: "A melhor maneira de não se sentir sem esperança é levantar-se e fazer algo. Não espere que coisas boas aconteçam com você. Se você sair e fizer coisas boas acontecerem, preencherá o mundo com esperança e se preencherá com esperança". Isso, é claro, exige acreditar que você *pode* ter sucesso.³ Ações são destinadas a provocar algo e, assim, incorporam esperança. Continuar tentando é um ato esperançoso.

> Quando em sua vida você perseverou, continuando a tentar apesar das dificuldades, e finalmente alcançou seu objetivo?

Em contraste, experiências repetidas de inutilidade podem levar ao desamparo aprendido, uma crença (discutida no Capítulo 5) de que não vale a pena nem mesmo tentar.⁴ Essa crença pode ser generalizada, envolvendo a sensação de impotência na vida, ou específica a determinadas situações. O desamparo aprendido foi demonstrado em experimentos com animais de laboratório e se assemelha à experiência humana de depressão clínica.[5] Por outro lado, a *ativação* do paciente no cuidado com a saúde encoraja as pessoas a assumirem um papel ativo em seu próprio bem-estar e recuperação.[6] Um tratamento eficaz para depressão conhecido como *ativação comportamental* incentiva as pessoas a se engajarem em atividades potencialmente prazerosas, mesmo e especialmente quando não têm vontade de fazê-lo, o que, por sua vez, pode evocar um estado de ânimo positivo.[7] Dessa forma, emoções podem ser o resultado, e não apenas a causa, do que fazemos. Engajar-se em atividades potencialmente prazerosas precede o alívio da depressão e começa a restaurar a esperança.

Esforços proativos também podem diminuir resultados adversos. Uma entrevista motivacional com estudantes universitários que haviam falhado em um primeiro exame aumentou significativamente seus comportamentos de estudo subsequentes e, eventualmente, suas notas, prevenindo a reprovação no curso.[8] Intervenções de ativação comportamental podem reduzir a ocorrência futura de depressão ou outros grandes transtornos mentais.[9] Mais uma vez, agir gera esperança.

Há relações complexas de causa e efeito entre sentir, pensar e agir, com cada um influenciando o outro. O ponto aqui é que ações podem despertar tanto emoções quanto esperança. Na linguagem da sabedoria antiga: "A perseverança forja o caráter, e o caráter forja a esperança".[10]

ESPERANÇA PROMOVE AÇÃO

A esperança, por sua vez, pode motivar a ação. Uma metáfora clássica é a cenoura pendurada em uma corda na ponta de um bastão, projetada para motivar um burro a seguir em frente. No uso moderno, o bastão nessa imagem é frequentemente mal interpretado como uma ameaça de punição física (bater no animal), mas o propósito do bastão é simplesmente suspender a cenoura além do alcance, como um horizonte positivo em direção ao qual se mover. Se o burro nunca recebesse de fato a cenoura para comer, provavelmente desenvolveria desamparo aprendido.

No trabalho ou na escola, pessoas com maior nível de esperança têm mais probabilidade de fazer o necessário para alcançar o sucesso.[11] Isso se deve, em parte, ao fato de que indivíduos mais esperançosos tendem a reagir de maneira característica diante de obstáculos: buscam novas formas de alcançar seus objetivos, enquanto pessoas com menor nível de esperança são mais propensas a desistir.[12] Na reabilitação física após uma lesão, derrame ou cirurgia, pacientes mais esperançosos recuperam mais funções.[13] Tenho dois amigos que sofreram lesões cerebrais devastadoras e que, por meio de uma persistência incansável, conseguiram recuperar funções preciosas que a maioria de nós considera inatas. Perguntei a eles como sustentaram a esperança ao longo dessa jornada árdua. A primeira resposta foi "pura teimosia" — uma recusa em desistir. Eles também mencionaram pequenos hábitos mentais que ajudaram, como incluir o conceito de "ainda" ao pensar ou falar sobre sua recuperação:

- *Ainda* não consigo usar um celular.
- *Até agora*, é difícil conversar com mais de duas ou três pessoas ao mesmo tempo.
- *Estou me preparando para* conseguir pedalar dois quilômetros.

Eles reimaginaram obstáculos como desafios. O exemplo e o apoio de outros em recuperação também foram importantes. "Se fulano consegue, eu também consigo."

A esperança pode ser expressa como uma *promessa*. O ato de prometer oferece segurança e esperança para o futuro, na medida em que a pessoa que faz a promessa é considerada confiável. Sua própria persistência pode ser fortalecida ao declarar publicamente sua intenção, como formalizado em um juramento ou contrato legal.[14] Nos votos tradicionais de casamento, os casais assumem um compromisso de longo alcance, prometendo amarem-se "na alegria e na tristeza, na riqueza e na pobreza, na saúde e na doença, até que a morte os separe". Essas palavras familiares foram escritas por Thomas Cranmer, arcebispo de Canterbury, no *Livro de oração comum* de 1549, como liturgia para a nova Igreja Protestante da Inglaterra. É irônico que esse mesmo arcebispo tenha ajudado Henrique VIII a anular seu primeiro casamento e presidido seus casamentos subsequentes. Contudo, Cranmer só escreveu o livro após a morte de Henrique, de modo que talvez tenha concebido esses votos em parte como resposta à experiência das seis uniões do rei. Por fim, Cranmer foi queimado na fogueira como herege.

Assim como experiências desmoralizantes podem resultar em desamparo aprendido, experiências capacitantes podem fomentar esperança aprendida.[15] Mais ativa do que o otimismo generalizado (Capítulo 5), a esperança aprendida aplica habilidades de resolução de problemas para obter controle percebido ou real em aspectos da vida, semelhante ao *lócus* de controle interno discutido no Capítulo 3. Talvez você dê como certo que pode fazer escolhas que influenciam seu futuro, mas nem sempre foi assim. Na Grécia Antiga, por exemplo, acreditava-se que os deuses predeterminavam o destino, e a esperança aspiracional era, portanto, considerada uma imprudente *arrogância*, ou *húbris*.[16]

RESILIÊNCIA

Experiências adversas na infância podem predispor uma pessoa a vícios, transtornos psicológicos, baixo desempenho educacional e conflitos com a lei — mas não necessariamente. É possível sobreviver a uma infância traumática e prosperar. Considere o exemplo desta mulher: ela tinha apenas 2 anos quando seu pai assassinou violentamente sua mãe. Ele evitou a prisão, alegando que sua esposa havia cometido adultério e que sua filha, portanto, era ilegítima. O pai rapidamente se casou de novo. Quando ele morreu 12 anos depois, sua madrasta se casou com um homem que abusou sexualmente da jovem, até que finalmente ela foi enviada para viver com parentes aos 15 anos. Aos 20, foi presa, acusada de um crime capital. Tal histórico não parecia prenunciar um futuro promissor, mas, após ser libertada da prisão, aos 25 anos, foi coroada Elizabeth I, tornando-se uma das monarcas mais longevas e ilustres da Europa.

Agora, pense em Joanne. Quando nasceu, seus pais de classe trabalhadora tinham apenas 19 anos. Seus professores a consideravam uma "medíocre" na escola primária e "não excepcional" na secundária. Casou-se jovem, teve uma filha com seu marido abusivo, que depois a deixou. Joanne perdeu o emprego que sustentava a família e tornou-se mãe solo, lutando para sobreviver com benefícios sociais. Estava deprimida e suicida. Um ano depois, concluiu a escrita do primeiro livro de *Harry Potter*, que viria a vender mais de 600 milhões de cópias, tornando J. K. Rowling uma das mulheres mais ricas do mundo.[17]

Resiliência, ou "fibra", é a capacidade de se adaptar e prosperar apesar de dificuldades significativas.[18] Em vez de serem imobilizadas pelo estresse, essas pessoas se recuperam com confiança, otimismo e persistência.[19] Uma chave parece ser a maneira como respondem aos contratempos. Uma maneira segura de evitar decepções inevitáveis é baixar as expectativas e parar de tentar. Em contraste, pessoas resilientes, como indivíduos ou líderes, respondem aos obstáculos continuando a se esforçar, mesmo diante de adversidades crescentes. Ao confrontarem problemas, exploram novos caminhos, confiantes em sua capacidade de eventualmente alcançarem o sucesso.[20] Martin Luther King Jr. admirava aqueles que "cavaram um túnel de esperança através da montanha escura da decepção".[21] Provavelmente você conhece algumas pessoas muito resilientes, pois elas são muitas.

PERSEVERANÇA: UMA HISTÓRIA ESTENDIDA

A maior parte das histórias neste livro é breve, mas esta merece mais espaço. Ela ilustra como a esperança promove a ação, e a ação, por sua vez, consolida a esperança.

Uma das pessoas mais resilientes que já conheci é Debbie Johnson, cuja história exemplifica a perseverança. Nos conhecemos em um encontro para agências e voluntários que atendem pessoas em situação de rua. Ela exalava uma gentileza amorosa e uma paixão enérgica por ajudar mulheres que, como ela, haviam passado por essa experiência. Quando a entrevistei para este livro, dez anos depois, foi no escritório do TenderLove Community Center, que ela fundou e dirige. Silenciamos nossos celulares, mas o dela continuava vibrando a cada poucos minutos, um testemunho do número de pessoas ansiosas para falar com ela. A parede de seu escritório está cheia de prêmios e honrarias, além de um recém-obtido mestrado em saúde pública. Nada ali revela a longa e difícil jornada que a trouxe até este momento.

Debbie nasceu de pais cristãos em Ile-Oluji, Nigéria. Durante a faculdade e ainda solteira, engravidou e deu à luz um menino que foi criado por seus pais. Ela se mudou para Lagos, a maior cidade da Nigéria, com a intenção de se casar com o pai de seu filho, mas as coisas não aconteceram como planejado. Certo dia, ao voltar para o apartamento que compartilhavam, encontrou-se trancada do lado de fora. Sozinha, sustentou-se inicialmente trabalhando em uma escola primária particular, lecionando ciências e estudos culturais. Concluiu mais dois anos de formação como enfermeira e começou a trabalhar em hospitais, onde sua paixão por ajudar as pessoas colidiu de frente com as realidades econômicas de um sistema de saúde que exigia pagamento antes de oferecer tratamentos que poderiam salvar vidas. Ao ver pacientes implorando por cuidados e morrendo por não poderem pagar, sua compaixão a convenceu de que precisava encontrar outro tipo de trabalho.

Foi então que recebeu um convite de seu tio americano para participar do casamento de parentes e ficar com ele e sua esposa em Indiana. Nunca tendo saído da Nigéria, conseguiu um visto de visitante e chegou a Indianápolis em agosto de 2001, apenas um mês antes dos ataques terroristas de 11 de setembro em Nova York e Washington. Seu visto foi aprovado por seis meses, mas, em outubro, sua família disse que ela não poderia mais ficar com eles, e ela se viu repentinamente sem-teto, enfrentando o inverno do meio-oeste. "Eu nunca tinha visto neve antes." Um trabalho noturno limpando banheiros em escritórios permitiu que dormisse em uma *van* da empresa e solicitasse um registro no Seguro Social. Ela se voluntariou em uma igreja fundada por nigerianos que atendia pessoas em situação de rua e conseguiu economizar o suficiente para alugar um apartamento e comprar um Dodge Neon, aprendendo a dirigir sozinha.

Debbie mudou-se para o clima mais quente de Atlanta, Geórgia, trabalhando em dois empregos hospitalares de 12 horas, muitas vezes cumprindo 36 horas consecutivas. Casou-se, teve duas filhas, obteve o *green card*, continuou a trabalhar para sustentar sua família e, novamente, voluntariou-se em uma igreja alimentando pessoas em situação de rua. "O que me marcou foi que continuávamos vendo as mesmas pessoas repetidamente, pessoas como eu, e comecei a pensar em como poderia ajudá-las a se sustentarem." Debbie também havia estudado *design* de moda por dois anos enquanto trabalhava na Nigéria e tinha talento para costurar. "Comecei a pensar que poderia ensinar mulheres a costurar para que pudessem se sustentar." Ela tomou uma decisão, lembrando o comentário de Amelia Earhart de que "a coisa mais difícil é decidir agir; o resto é apenas tenacidade". Registrou uma organização sem fins lucrativos para esse propósito na Geórgia, mas encontrou pouco apoio comercial para si como mulher negra, então começou a procurar *on-line* por locais onde pudesse atender uma população diversificada e ajudar mulheres a sair da pobreza. "Eu nunca tinha visto uma cidade com um nome tão longo (Albuquerque) que não conseguia soletrar ou pronunciar, mas senti que era o lugar certo." Assim, em outubro de 2011, empacotou suas máquinas de costura e tecidos em um caminhão U-Haul e, junto com sua família, partiu para o Novo México.

Enquanto trabalhava em hospitais e centros de atendimento, Debbie passou dois anos apenas aprendendo sobre a comunidade de Albuquerque e os programas existentes. "Nunca quis competir ou duplicar serviços." Viu mulheres dormindo sob pontes e segurando placas pedindo ajuda. Uma população particularmente desassistida eram mulheres recém-saídas da prisão, frequentemente liberadas no centro da cidade no meio da noite. Ela transferiu o registro de sua organização sem fins lucrativos para o Novo México e, em 2013, alugou um pequeno prédio para começar a ensinar costura a mulheres. Foi quando a conheci. As mulheres tinham tantas necessidades, algumas vindo diretamente da prisão com nada além das roupas do corpo. Embora houvesse programas na cidade que fornecessem refeições, muitas não tinham onde morar, nem habilidades profissionais, pouca educação, transporte ou mesmo documentos de identificação. O que me impressionou foi a atenção pessoal que Debbie dava a essas mulheres, orientando-as por um ano ou mais, oferecendo o tipo de apoio prolongado necessário para que escapassem das amarras da pobreza. Trabalhei em grandes agências que atendem milhares de pessoas, mas o ambiente singelo e íntimo do Tender-Love Community Center me tocou. "Eu simplesmente me recusei a desistir", disse Debbie. "De onde estávamos, eu conseguia ver o futuro. Não acredito que algo seja impossível."

Dentro de meio ano, o tamanho do grupo já havia ultrapassado o espaço disponível. Uma reportagem em um canal de televisão local atraiu apoio suficiente para que se mudassem para um prédio maior do outro lado da cidade. Minha principal contribuição foi ensinar Debbie a organizar e redigir propostas de financiamento, e ela aprendeu rapidamente. Também a ajudei a começar a coletar dados consistentes sobre suas clientes e, eventualmente, a conduzir um estudo de seguimento com todas as mulheres que haviam se formado no programa ao longo de um período de três anos. Os resultados foram impressionantes: 97% estavam em moradias estáveis, 88% empregadas e 9% matriculadas no ensino superior. Com o apoio atraído de diversas fontes, o grupo novamente precisou de instalações maiores, mudando-se para um prédio ainda mais amplo, com uma loja para vender os produtos feitos pelas mulheres. Em poucos anos, Debbie estabeleceu um negócio chamado Sew4Real, no qual as graduadas podiam continuar trabalhando juntas. Ela acrescentou treinamentos em alfabetização digital e financeira, ajudou várias mulheres a iniciarem seus próprios negócios e adquiriu não uma, mas duas casas onde mulheres sem-teto e seus filhos podiam viver enquanto trabalhavam no programa para se estabelecerem em seus próprios apartamentos.

Ao longo dos primeiros dez anos do programa TenderLove, Debbie atuou sem receber salário como CEO, enquanto lutava para pagar suas próprias contas. Nos primeiros anos, ela frequentemente penhorava o título de seu carro para conseguir empréstimos de curto prazo e manter as instalações abertas. Gastava seus últimos dólares para ajudar alguém em necessidade. Ela enfrentou dificuldades financeiras, a pandemia de covid-19, decepções e dores pessoais, sempre focada em capacitar as mulheres vulneráveis de seu programa a se tornarem independentes e confiáveis.

"Como você explica toda essa resiliência e energia?", perguntei. Certamente, sua profunda fé a sustenta. "Eu me vejo apenas como uma filha de Deus, não de uma religião específica", disse ela. "Sigo cegamente com Deus. Confio que Deus resolverá meus problemas enquanto ajudo outras pessoas a resolverem os delas", e parece ser verdade. Na parede de seu escritório há uma pequena frase que diz: "Quando você orar por chuva, leve seu guarda-chuva". Sua mãe era uma mulher de ferro, profundamente forte, que ensinou Debbie a ser confiável e altruísta. "Mamãe preparava uma grande refeição todas as manhãs, acolhendo qualquer pessoa ao redor que estivesse com fome. Ao final do dia, a comida havia acabado, e na manhã seguinte ela fazia tudo de novo." Debbie simplesmente confia que seu bom trabalho dará frutos, e ela continua. Enquanto escrevo, ela está contente, matriculada em um programa de doutorado em estudos de psicologia e aconselhamento.

PERSISTÊNCIA FÚTIL

Embora a perseverança possa ser recompensada e esperanças estatisticamente improváveis às vezes se realizem por acaso ou por profecias autorrealizáveis, também há momentos em que a persistência é infrutífera. A "oração de serenidade" original, mencionada no Capítulo 3, pede "coragem para mudar as coisas que posso, serenidade para aceitar as coisas que não posso mudar e sabedoria para distinguir umas das outras". O discernimento aqui é entre esperanças verdadeiramente falsas e aquelas que podem ser alcançadas com perseverança.

Esforços malsucedidos muitas vezes levam as pessoas a diminuírem suas expectativas, e continuar tentando pode gerar decepção, estresse, frustração e esgotamento de recursos.[22] Um exemplo espetacular de persistência inapropriada é a primeira tentativa de construção do Canal do Panamá.[23] Ferdinand de Lesseps, um diplomata francês que havia negociado com sucesso a construção do Canal de Suez, foi posteriormente incumbido de repetir seu feito célebre ao conectar os oceanos Atlântico e Pacífico através do Istmo do Panamá. Determinado a cavar o canal ao nível do mar, como havia sido feito no Egito, deparou-se com um terreno de selva tropical, muito diferente do deserto. Após uma década de escavações massivas, deslizamentos desastrosos e doenças tropicais que mataram milhares de trabalhadores, o projeto foi abandonado. O canal foi concluído 25 anos depois com uma nova abordagem: um sistema de eclusas que elevava os navios a cerca de 26 metros de altura em um oceano e os descia novamente no outro. Esse caso ilustra a diferença entre persistência (insistir em uma estratégia malsucedida) e perseverança (esforços prolongados que incluem tentar novos caminhos para atingir um objetivo).

> Você consegue pensar em um momento da sua vida em que insistiu por tempo demais, com frequência ou intensidade demais, para que algo acontecesse?

A aparente futilidade às vezes desperta protestos individuais inspiradores, como o homem anônimo que enfrentou uma fileira de tanques na Praça Tiananmen ou Vedran Smailović, que tocou no violoncelo o Adágio de Albinoni em meio às ruas bombardeadas de Sarajevo. Houve também um episódio em que, por razões desconhecidas, muitas baleias encalharam na costa do Oregon e estavam morrendo na areia. Uma emissora de TV de Portland transmitiu um vídeo de uma criança pequena percorrendo a praia, carregando baldes de água do mar para derramar sobre cada baleia. Era uma ação comovente, mas sem esperança. Era atemporal.[24]

Mesmo quando não realizadas, as esperanças podem ter alguns efeitos benéficos e consequências inesperadas. A esperança pode manter as adversidades ao longe, encorajando a resistência e a adaptação criativa. Um fazendeiro de Vermont do século XIX chamado William Miller (sem relação comigo) convenceu-se, com base em estudos bíblicos, de que o mundo acabaria em uma data específica de 1843. Ele começou a pregar e reuniu muitos seguidores, conhecidos como mileritas ou adventistas. Quando o cataclismo previsto não se concretizou, surgiram várias explicações para a decepção, incluindo que o evento esperado de fato ocorrera, mas no céu e não na Terra. O movimento milerita perdurou e cresceu, eventualmente tornando-se a Igreja Adventista do Sétimo Dia, que hoje conta com 20 milhões de adeptos em todo o mundo.

A ideia de que a esperança pode ser "falsa" surge de uma visão limitada da esperança, entendida apenas como a probabilidade realista de algo acontecer (Capítulo 3). As facetas da esperança que consideramos até agora vão muito além da probabilidade estatística, abrangendo a percepção de possibilidades e propósito, bem como a mobilização do desejo, otimismo e confiança. As coisas são impossíveis até que deixem de ser, e a perseverança é ela mesma uma faceta da esperança. Além disso, pode haver uma esperança além da própria esperança.

LEVANDO PARA O PESSOAL: PERSEVERANÇA

- Parece estranho para você a ideia de que *fazer* algo seja uma faceta da esperança? O que parece mais verdadeiro para você: que a esperança leva à ação ou que a ação fomenta a esperança?
- O que você acha que ajuda as pessoas a se tornarem mais resilientes? O que tem ajudado você a perseverar?
- Em quais ocasiões "apenas faça!" poderia ser um bom conselho para levar você a fazer algo que não sente vontade de fazer?

9
A esperança além da esperança

A esperança vê o invisível, sente o intangível e realiza o impossível.
— Helen Keller

Sempre tive uma queda por causas perdidas tão logo elas se tornam, de fato, perdidas.
— Rhett Butler, no filme *E o Vento Levou*

No verão anterior ao meu último ano na Lycoming College, um grupo de estudantes e professores viajou até a vizinha Bucknell University para assistir à Orquestra Filarmônica Tcheca em sua turnê pelos Estados Unidos. Era agosto de 1968, e, por coincidência, no mesmo dia em que estava programado o concerto, tanques soviéticos invadiam a Tchecoslováquia para esmagar as reformas de libertação da Primavera de Praga. Nos perguntávamos se a orquestra ainda se apresentaria, dado o caos inesperado em sua terra natal, mas eles tocaram. O ponto central do programa foi *Má Vlast* (Minha Pátria), um ciclo de seis poemas sinfônicos composto um século antes pelo músico tcheco Bedrich Smetana em celebração à sua terra e cultura. A orquestra apresentou a obra com uma paixão arrebatadora naquela noite, um fervor que ainda lembro toda vez que ouço a peça. Eles tocaram no ar daquela sala de concertos sua esperança e visão para o futuro de sua nação. A ocupação continuaria por 23 anos até que, finalmente, as tropas se retirassem e a independente República Tcheca nascesse, tendo um artista como presidente: o autor e poeta Vaclav Havel, que, anos antes, havia escrito, da prisão: "A coisa mais importante de todas é não perder a esperança e a fé na própria vida. Quem o faz está perdido".[1]

Há ainda uma outra forma de esperança além de todas as facetas consideradas até aqui — após probabilidade e possibilidade, desejo e otimismo; além de confiança, significado e perseverança. Essa esperança tem sido chamada de esperança contra a esperança ou, como escolhi intitular este capítulo, uma esperança além da esperança, aquela que permanece e nos sustenta quando todos os modos mais familiares de cultivar esperança parecem esgotados.[2] Tal esperança última perdura além das adversidades, perigos e sofrimentos, além até mesmo do final da própria vida. Não é tanto uma crença ou emoção, mas um compromisso com uma visão. A esperança última busca manter-se fiel a valores profundamente arraigados, independentemente dos resultados imediatos ou do apego a eles. É uma convicção de que algo melhor é, em última instância, possível para nós, coletivamente.[3] Nas palavras de Vaclav Havel, é a esperança e fé na própria vida.

Temos o direito de continuar esperando mesmo quando esperanças finitas são frustradas.[4] Essa forma última e não racional* de esperança pode ser uma questão de vida ou morte, especialmente quando o futuro parece

---

* N. de T. O autor escolheu este termo (*nonrational*, no original) em vez de "irracional" (*irrational*). É importante destacar a diferença, pois "irracional" costuma ter conotação negativa — sem nexo, digno de descrédito e descarte. Já "não racional", de conotação mais neutra, pode significar simplesmente uma atitude regida por um compromisso ou um sentimento, mas que não contradiz a realidade a princípio.

sombrio.⁵ A alternativa é o desespero, frequentemente associado à depressão e ao suicídio. Fiódor Dostoiévski advertiu que "viver sem esperança é deixar de viver", e Charles Dickens exclamou: "Não deixe de ter esperança, ou não vale a pena fazer nada. Espere, espere até o fim". Na linguagem mais poética de Gabriel Marcel: "A esperança é para a alma o que a respiração é para o organismo vivo. Onde a esperança falta, a alma seca e murcha".⁶

Um relato angustiante de esperança contra a esperança é o da família de Dougal Robertson, que naufragou com quatro crianças no meio do Pacífico quando seu barco foi danificado por um grupo de baleias e afundou. Com poucos suprimentos em um bote salva-vidas de três metros, o grupo de seis pessoas sobreviveu por 38 dias comendo peixe e bebendo água da chuva até ser avistado e resgatado. "Mesmo que você perca a esperança", escreveu Robertson, "nunca deve desistir de tentar, pois, como resultado de seus esforços, a esperança pode muito bem retornar e com justificativa".⁷

A esperança além da esperança compartilha alguns pontos em comum com as outras facetas que discutimos. Como toda esperança, ela visualiza a possibilidade de um futuro mais luminoso, mesmo que apenas para as gerações vindouras, e pode inspirar ações persistentes em direção a essa visão desejada, sem nenhuma expectativa razoável de sucesso. A esperança além da esperança pode incluir uma confiança em uma benevolência suprema ou um compromisso intencional, aconteça o que acontecer, com a forma altruísta de amor a que as religiões do mundo apontam.⁸ Alguns percebem um destino final benigno em direção ao qual a história evolui a passos lentos, mas estáveis.

A característica central da esperança além da esperança é a recusa, independentemente da realidade atual, de desistir e sucumbir ao desespero, ao cinismo ou à desesperança. Após mais de dois anos escondida em um sótão com sua família judia durante a ocupação nazista de Amsterdã, Anne Frank, aos 16 anos, escreveu em seu agora famoso diário, apenas três semanas antes de ser presa e enviada a Auschwitz:

> Apesar de tudo, ainda acredito que, no fundo do coração, as pessoas são realmente boas. Simplesmente não consigo construir minhas esperanças sobre um fundamento composto de confusão, miséria e morte. Vejo

o mundo sendo gradualmente transformado em um deserto, ouço o trovão que se aproxima e que nos destruirá também, sinto o sofrimento de milhões e, ainda assim, se olho para o céu, penso que tudo acabará bem, que essa crueldade também terá um fim e que a paz e a tranquilidade retornarão.[9]

As imagens dessa esperança última frequentemente remetem à luz, sem a qual nada pode ser visto. Algumas metáforas familiares incluem:

A hora mais escura é a que precede o amanhecer.
A escuridão é o que nos permite ver as estrelas.
É melhor acender uma vela do que amaldiçoar a escuridão.

A esperança além da esperança está em perceber a luz e, como um girassol, voltar-se para ela. É algo que surge dentro de você para mantê-lo avançando quando outras formas de esperança parecem ter desaparecido.

ESPERANÇA COMO HORIZONTE

A luz que reside na esperança além da esperança muitas vezes aparece como um horizonte, um futuro desejado em direção ao qual você se volta e caminha, apesar da incerteza e da adversidade. Durante seus 27 anos de prisão, Nelson Mandela escreveu à sua família: "Tenho certeza de que um dia estarei de volta em casa para viver feliz com vocês até o fim dos meus dias", e assim aconteceu.[10] No entanto, esse tipo de esperança máxima não precisa pressupor que você testemunhará pessoalmente sua realização. O horizonte ao qual você fixa o olhar pode estar muito além de sua própria vida. Manter-se firme no horizonte pode ser visto em ações como plantar árvores de cuja sombra você nunca desfrutará; reciclar materiais reutilizáveis; e escrever cartas, músicas ou livros que talvez não tenham impacto imediato. Você pode adotar uma perspectiva de longo prazo, pensando em gerações ou séculos à frente. Como mencionado no Capítulo 1, o cientista-futurista Pierre Teilhard de Chardin vislumbrou confiantemente um universo cheio de significado, que converge, por fim, para um ponto ômega esperançoso.[11] Outros acreditam que, no século XXI, o mundo já está embarcando em uma *Grande Virada*, mudando nossas formas de pensar, agir e ser em direção a mudanças que sustentem a vida.[12]

Os horizontes em direção aos quais nos movemos frequentemente evoluem ao longo da vida. Desde jovem, minha convicção era me tornar ministro pastoral, o que motivou minha decisão de ser o primeiro em minha família a ingressar na faculdade. Graduei-me em psicologia, acreditando que isso seria útil como pastor e, em um nível mais profundo, na esperança de compreender melhor minha própria confusão interna. Posteriormente, minha trajetória de carreira mudou para a psicologia como vocação, com uma paixão particular por aliviar o sofrimento relacionado ao uso de álcool e outras drogas. Embora ninguém da minha família tivesse histórico de dependência, testemunhei os efeitos devastadores de substâncias em pacientes hospitalizados e fui persuadido a buscar formas de ajudar as pessoas a escapar das correntes da dependência antes de alcançarem a devastação que os aguardava rio abaixo. Compreender e tratar dependências tornou-se um novo horizonte para mim, que eventualmente se ampliou para ajudar pessoas a se libertarem dos padrões de vida destrutivos que as aprisionavam.[13] Encontrando-me em um limiar profissional entre psicologia e espiritualidade, comecei a transferir conhecimentos entre essas perspectivas.[14] O ministério que vislumbrei no início continuou a evoluir.

Às vezes, novos horizontes surgem como *insights* dramáticos ou epifanias.[15] O marinheiro inglês John Newton trabalhava e, mais tarde, capitaneava navios que transportavam pessoas escravizadas da África. Em seguida, ele próprio foi escravizado na África e, logo após ser resgatado, enfrentou a morte a bordo de um navio à deriva em uma tempestade feroz no mar. Embora não fosse religioso, orou para chegar em terra firme.[16] Ao retornar são e salvo, John deixou de beber e jogar e, eventualmente, tornou-se um sacerdote anglicano e fervoroso opositor do comércio de escravos. Ele viveu para ver a abolição da escravidão na Inglaterra e é mais lembrado pelos hinos que escreveu, incluindo *Amazing Grace*: "Perdi-me, mas agora fui encontrado; era cego, mas agora vejo". Tanto Liev Tolstói quanto Fiódor Dostoiévski tiveram epifanias repentinas que alteraram sua compreensão da vida e moldaram seus futuros escritos.[17] Tais eventos transformadores são frequentemente documentados em autobiografias como pontos de inflexão que redirecionaram as vidas de pessoas como Jane Addams, Malcolm X, Oscar Romero e Siddhartha Gautama para novos significados e propósitos de vida.

Em uma história moderna popular, um menino é questionado por uma toupeira sobre a pergunta frequentemente feita a crianças: "O que você quer ser quando crescer?"[18]. Sua resposta é simples: "Gentil". Qual é a luz que o guia até o horizonte para o qual você espera se mover? De que forma você pode viver com integridade em relação a um valor ao qual aspira? Pense no impulso que cada escolha ou ação sua gera. Isso o aproxima de seu horizonte ou o afasta dele? Usando a analogia de um veículo motorizado, você está na marcha à frente, na marcha à ré ou, mais comumente, em ponto morto, sem se mover? Cada jornada combina períodos de tempo em cada uma dessas marchas. Por exemplo, aqui estão 12 dimensões da bondade com descrições de marchas à frente, neutras e à ré.[19]

À FRENTE	NEUTRO	À RÉ
Compassivo	Indiferente	Cruel
Empático	Apático	Antagônico
Contente	Descontente	Invejoso
Generoso	Egocêntrico	Ganancioso
Esperançoso	Objetivo	Pessimista
Acolhedor	Indiferente	Ofensivo
Misericordioso	Ressentido	Vingativo
Paciente	Impaciente	Intolerante
Humilde	Não humilde	Arrogante
Grato	Não grato	Prepotente
Prestativo	Não prestativo	Obstrutivo
Flexível	Inflexível	Dominador

Para cada dimensão, você pode refletir em qual marcha você ou outros que conhece passam a maior parte do tempo. Eu considero essas dimensões ao ponderar sobre políticos que pedem meu voto. É possível mover-se ao longo das marchas em cada dimensão com base nas escolhas diárias que você faz e nas ações que você realiza. Dimensões semelhantes de avanço, neutralidade e retrocesso podem ser descritas para outros valores aos quais você aspira.

> Qual é a luz que o guia até o horizonte para o qual você espera se mover ao longo de sua vida?

Horizontes não surgem apenas para indivíduos, mas também para grupos de pessoas como parte de um movimento.[20] Assim, a esperança pode ser coletiva e interpessoal, em vez de ser apenas uma experiência solitária.[21] Grupos e organizações podem compartilhar objetivos comuns e perseverança em persegui-los mesmo quando há poucas chances de sucesso. O movimento pelo sufrágio feminino persistiu em muitas nações por décadas, eventualmente garantindo o direito ao voto para as mulheres, começando na Nova Zelândia em 1893. O desejo por soberania nacional emergiu em muitos movimentos de independência, desde o Boston Tea Party e a Revolução Francesa no século XVIII até o movimento Solidariedade na Polônia e os movimentos de independência das nações africanas no século XX, culminando com o "Brexit" do Reino Unido em 2020. Movimentos sociais diminuíram a segregação racial nos Estados Unidos e na África do Sul e influenciaram mudanças em direitos civis e LGBTQIAPN+, assim como em políticas sobre aborto e pena de morte em várias nações. Segundo o historiador Howard Zinn, uma característica comum e irônica dos movimentos sociais bem-sucedidos é que eles frequentemente começam a partir de uma sensação de desesperança![22] No início, eles parecem causas perdidas — como abolir a escravidão, instituir o sufrágio universal e conquistar direitos civis — com poucas chances de alcançar as mudanças esperadas dentro de uma geração.

Um exemplo clássico de esperança além da esperança é a visão de 2.800 anos atrás de abolir a guerra e outras formas de violência, inscrita em uma escultura presenteada à Organização das Nações Unidas pela delegação soviética em 1959:

> *Transformarão suas espadas em arados, e suas lanças em foices; nação não levantará espada contra nação, nem aprenderão mais a guerrear.*[23]

Essa esperança última de não violência é central nos ensinamentos de Jesus, Gandhi e King, todos os quais viveram até o fim segundo os valores pelos quais seriam martirizados, recusando-se a retribuir ódio com ódio, violência com violência.

Pode haver valor em sonhar um sonho aparentemente impossível, apesar das evidências. Em vez de ceder à impotência, essa imaginação afirma que o mundo é moldável e vislumbra como seria a mudança ou como ela poderia ocorrer.[24] Em vez de esperar por uma súbita cessação mundial da violência, podemos buscar uma compreensão mais profunda de suas causas e começar agora a construir um modo diferente de convivência. Existem muitas formas de agressão que não envolvem ferir alguém fisicamente, como comportamentos passivo-agressivos e abuso psicológico. Ações indiretas, sutis, ou mesmo involuntárias que excluem determinados indivíduos ou grupos têm sido chamadas de *microagressões*. Há também experiências internas privadas que podem nos predispor ao antagonismo em relação aos outros. Considere atitudes e experiências subjetivas como estas:

> Qual é um valor importante que você espera representar em sua própria vida? Durante o último ano, quanto tempo você passou em modos de avanço, neutralidade e retrocesso com relação a esse valor?

- Alimentar rancor ou ressentimento
- Sentir ciúmes ou inveja
- Desejar vitória ou vingança
- Alegrar-se com a frustração ou queda de outra pessoa
- Sentir superioridade e autossatisfação
- Estar convicto de sua própria retidão
- Ridicularizar, descartar ou excluir outros

Todas essas atitudes estão enraizadas na comparação consigo mesmo e com os outros, o que prontamente gera vaidade ou ressentimento. Podemos notar essas raízes potenciais de antagonismo quando as experimentamos e realizar o trabalho interno de pacificação. Esse é um passo de esperança além da esperança em direção a como as coisas poderiam e deveriam ser. Embora o fim da violência possa parecer um sonho remoto, a não violência pode começar com a mudança de nossos próprios comportamentos e atitudes.[25]

ESPERAR COM ESPERANÇA

Em espanhol, o mesmo verbo, *esperar*, significa tanto esperar quanto ter esperança. Ambas as ações se voltam para o futuro. A espera com esperança é a essência de uma vigília ou de um período de preparação. Essa espera pode ser inspirada por uma expectativa específica, como a esperança de residência permanente para os imigrantes *"Dreamers"*, trazidos para os Estados Unidos como menores sem documentos. Esse esperar *por* algo é, talvez, a associação mais comum com os conceitos de esperança e espera. Mesmo com um resultado desejado específico, a esperança pode envolver simplesmente aguardar com confiança e antecipação quando nada mais pode ser feito. Tal é o caso da espera esperançosa por notícias de um animal de estimação ou pessoa desaparecida.

Contudo, há também uma forma de esperança além da esperança que não tem um objetivo específico, como uma música sem palavras — uma esperança que vai além de objetos ou resultados concretos. Não há nada de errado em esperar *por* algo, mas, em uma era de informação e gratificação instantâneas, simplesmente esperar sem expectativas específicas tornou-se uma arte quase perdida.

Quando vivíamos em Sydney, Austrália, por um ano, eu costumava caminhar todas as manhãs subindo uma longa colina gramada de Coogee Beach até Randwick. Minha rotina normal era virar à esquerda no topo da colina e caminhar pela cidade até o centro de pesquisa em transtornos por uso de substâncias onde eu trabalhava. No entanto, ao longo do caminho, eu frequentemente notava uma grande igreja católica no topo da colina, à direita. Certo dia, enquanto subia a colina, senti uma estranha inclinação para entrar na igreja, que eu nunca havia visitado. Não fazia sentido, mas o impulso crescia, então, ao chegar ao topo, virei à direita. A porta estava aberta, o santuário quieto e vazio, e encontrei um banco em um canto e sentei-me. Reduzi minha respiração e entrei em um estado meditativo. Dez minutos, vinte, e a palavra que me veio foi: "*Espere!*". Então, sentei-me em silêncio. *Por quê?* Perguntei-me, mas a palavra continuava: "*Espere!*". Algumas outras pessoas entraram e saíram. Pensei no que havia planejado fazer naquele dia, sem compromissos específicos na agenda. *Quanto tempo deveria permanecer ali?* Mais uma vez, a resposta clara: "*Espere!*". Ninguém sabia onde eu estava, e talvez alguém começasse a se perguntar. *Realmente? Por quanto tempo? Toda a manhã? Até o almoço? O dia inteiro? Esperar pelo quê? E se minha esposa tentasse me ligar?* Isso foi antes dos celulares. Ela ficaria preocupada. Lutei contra a irracionalidade daquilo. "*Espere!*" Eu sabia que já havia passado bem mais de uma hora. A luz da manhã filtrava-se pelo ar, ainda perfumado de incenso. Mais silêncio. Por fim, pensei: *Tá, eu não entendo. Isso é loucura. Não faz sentido para mim, mas se você quer que eu espere aqui, eu vou esperar, o tempo que for necessário.* E, imediatamente, veio a resposta, tão clara quanto se tivesse sido falada: "*Tudo bem, você pode ir agora*". E eu ri em voz alta.

Há uma antiga disciplina contemplativa de abrir a mente e o coração, focando a atenção na respiração, em uma palavra ou em um objeto, e silenciando a mente inquieta do constante monólogo interno. Pensamentos e sentimentos surgem, mas você não os segue. Simplesmente os observa passar, como folhas flutuando em um riacho tranquilo. Isso tem sido chamado de *meditação de atenção plena, resposta de relaxamento* e *oração centrada*.[26] Existem amplos estudos sobre seus benefícios para a saúde, mas se trata de uma disciplina de esperar sem expectativa de resultados. Em uma divertida charge de Gahan Wilson, dois monges de manto sentam lado a lado em postura meditativa, e o mais velho diz ao mais jovem: "Nada acontece depois disso. É isso". Prestar atenção, diligente e atentamente, sem expectativas específicas, é uma prática contracultural em uma sociedade orientada para resultados, em que esperar é considerado inútil a menos que leve ao resultado desejado. Intimamente relacionada à atenção plena está uma forma de escuta empática profunda, cujo único objetivo é compreender a experiência de outra pessoa.[27]

Há até mesmo razões para esperar antes de ter esperança. Esperar com expectativas específicas pode estreitar sua visão. Em seu poema "*East Coker*", dentro de *The Four Quartets*, T. S. Eliot escreveu:

> Eu disse à minha alma, fique quieta, e espere sem esperança,
> Pois a esperança seria esperança pela coisa errada...
> A fé, o amor e a esperança estão todos na espera.

A esperança além da esperança pode ser uma curiosa antecipação e uma abertura para a experiência, permitindo que o inesperado aconteça.[28] Uma boa ciência é assim: uma observação de mente aberta sobre o que quer que seja. Lembro-me de uma estudante de pós-graduação que veio ao meu escritório logo após analisar os dados de sua dissertação de mestrado. "Eu não encontrei nada", ela lamentou.

"Sim, encontrou", respondi. "Você apenas não encontrou o que esperava."

A esperança, então, pode transcender até mesmo os objetivos. Pode perdurar além de esperar por algo, como um estado existencial de mente e coração que antecipa um futuro incerto com curiosidade em vez de medo. Essa é a esperança que transcende todas as outras variedades de esperança, capturada de maneira tão bela por Emily Dickinson: "A esperança *é* a coisa com penas, que pousa na alma, canta a melodia sem as palavras e nunca, jamais para".

LEVANDO PARA O PESSOAL: ESPERANÇA ALÉM DA ESPERANÇA

- Quando foi a última vez que você simplesmente esperou em silêncio, sem esperar *por* nada?
- Qual é um exemplo de esperar por algo além de sua própria vida, algo que você mesmo nunca espera ver?
- Como você descreveria uma "fé na vida em si mesma"?

10
Escolhendo a esperança

A esperança é a abertura do amor para possibilidades infinitas e vida nova.
— Ilia Delio[1]

Onde há esperança, há vida. Ela nos enche de uma coragem revigorada e nos torna fortes novamente.
— Anne Frank[2]

Foi a coisa mais difícil que já havíamos feito. Nosso processo de candidatura para nos tornarmos pais adotivos exigiu mais de um ano de exames médicos, avaliações psicológicas, verificação de antecedentes, visitas domiciliares e várias entrevistas. Depois, houve muitas ligações telefônicas e mais espera até que um assistente social do estado finalmente chegou à nossa casa com o grande livro de crianças disponíveis para adoção, um extenso fichário em que cada história de duas páginas transbordava de sofrimento. Havia tantas crianças precisando de um bom lar, seus rostos nos observando com sorrisos meio esperançosos. Quase todas eram meninos. Descobrimos mais tarde que meninas têm muito mais probabilidade de serem acolhidas por parentes, em vez de entrarem no sistema de acolhimento ou adoção. Senti a dura realidade de que meninos são mais propensos a serem abandonados.

Como mencionei no Capítulo 5, acabamos escolhendo um irmão e uma irmã, de 8 e 9 anos, que já haviam passado por mais abuso e trauma do que qualquer pessoa deveria suportar em toda uma vida. Sem que soubéssemos, o assistente social deles também nos havia escolhido no livro de pais em potencial, e em poucas semanas eles estavam morando conosco. O estado exigia pelo menos um ano de período de convivência para que a adoção pudesse ser finalizada. Éramos novatos como pais, é claro, sem nunca termos estabelecido regras domésticas, rotinas de refeições, hábitos de estudo ou horários de dormir, todos os quais tivemos de desenvolver, como se construíssemos um avião enquanto ele já estava voando. Eles eram crianças que haviam crescido sem muita estrutura ou supervisão, então tudo isso também era novo para eles. Eles se queixaram amargamente ao nosso terapeuta familiar: "Quem são essas pessoas para tentar impor regras e limites para nós?". E para nós diziam: "Não somos nada como vocês!". Certa vez, comentei com nossa filha que algo que ela havia dito a um colega havia soado malvado. "Você não sabe o que é ser malvado", ela retrucou, e a verdade contida em suas palavras me arrepiou.

Depois de um ano, estávamos exaustos, desgastados pelo estresse cotidiano, conflitos e incertezas. Sentíamos que não havia esperança, temendo que sempre seria assim ou pior. Numa manhã de sábado, em desespero, concluímos privadamente que criar aquelas crianças era demais para nós e que precisaríamos recorrer ao estado para encontrar um novo lar para elas. O peso do fracasso e do remorso era intenso, e chorei naquela noite como nunca antes, lamentando tanto por elas quanto por nós. Foi um dos piores momentos da minha vida.

O domingo chegou, e, como de costume, fomos à congregação que era nossa família estendida e apoio constante. Naquela manhã, por acaso, havia um pregador convidado, o pastor Jorge, de uma igreja irmã no México, que falava em espanhol com um tradutor ao lado. O texto do sermão era a história bíblica de uma terceira aparição de Jesus após sua morte.[3] Seus discípulos, de coração partido, haviam deixado Jerusalém e voltado à vida familiar como pescadores. Pescaram em vão a noite inteira, sem pegar absolutamente nada, até que perceberam um estranho na margem, que acabou sendo seu amado mestre. "Desta vez", disse o pastor Jorge, "ele não está na cidade santa, mas no mundo cotidiano da vida e do trabalho. Esta história nos diz que Deus não está apenas nos espaços sagrados, mas conosco nos lugares difíceis e em meio ao fracasso".

Quando o culto terminou, saímos juntos do santuário. "Você sentiu que isso foi para nós?". Ambos sentimos claramente. Decidimos continuar tentando, confiando que, nos lugares sombrios, não estamos sozinhos. Isso foi suficiente. A adolescência foi longa para todos nós, mas nossos filhos agora são adultos com trabalho e famílias próprias, e temos a alegria adicional de conhecer netos e bisnetos.[4]

A esperança e a transformação podem e frequentemente surgem das trevas mais profundas, dos abismos do medo, da raiva e do desespero.[5] O que parece impossível torna-se possível, e o irreconciliável pode encontrar resolução. Uma possibilidade é a aceitação pacífica da realidade presente, de que as coisas simplesmente serão assim. Nas palavras de Niebuhr, é encontrar "a serenidade para aceitar o que não pode ser mudado".

A esperança é uma resolução bem diferente. Ela eleva nossa visão além do momento presente em direção a um horizonte ainda indeterminado e potencialmente melhor. É uma escolha de permanecer aberto a novos horizontes, em vez de se resignar ao nunca. O pensamento do "nunca" fecha o futuro com uma escuridão desalentadora:

Nunca vou conseguir...
Isso é impossível.
Nunca serei capaz de...
Isso nunca vai acontecer.

A esperança é como o surgimento da luz, é como inspirar um novo fôlego. Ela nos conecta ao futuro maleável que está sempre se tornando o presente. Quando surgem aflições no curso normal da vida, você pode sempre escolher focar na esperança, em qualquer uma de suas variedades.

Agir com base na esperança é fundamentalmente diferente de aceitar o *status quo* ou se fixar na aflição. Mesmo nas circunstâncias mais terríveis, podemos escolher, de maneira deliberada, ter esperança. Viktor Frankl, sobrevivente de quatro campos de concentração nazistas, escreveu o seguinte:

> Nós, que vivemos em campos de concentração, podemos lembrar os homens que andavam pelas barracas consolando outros, dando seu último pedaço de pão. Eles podem ter sido poucos em número, mas oferecem prova suficiente de que tudo pode ser tirado de um homem, exceto uma coisa: a última das liberdades humanas — escolher sua atitude em qualquer conjunto de circunstâncias, escolher seu próprio caminho. [...] Em última análise, torna-se claro que o tipo de pessoa que o prisioneiro se tornava era o resultado de uma decisão interior, e não apenas das influências do campo de concentração.[6]

Vivemos em um mundo angustiante, desanimador e, às vezes, assustador. A esperança é uma boa maneira de viver nesse mundo. Como discutido ao longo deste livro, temos à nossa disposição uma rica variedade de formas de cultivar a esperança. Podemos escolher entre elas, explorando os aspectos que melhor representam a esperança nas circunstâncias presentes. Talvez não saibamos de antemão quais aspectos da esperança são mais adequados, mas podemos experimentá-los, como ao testar lentes no consultório de um oftalmologista para descobrir qual delas melhor coloca o futuro em foco.

Vamos reexaminar o diamante da esperança, revisitando suas oito facetas como escolhas que podemos fazer, não apenas diante das adversidades, mas também na vida cotidiana. Com cada faceta, sugiro algumas perguntas para considerar em relação à escolha da esperança.

DESEJO

Em uma história que aparece sob várias formas, todos nós abrigamos dentro de nós dois animais que estão constantemente em batalha. Um deles é egoísta, buscando tomar tudo o que deseja sem considerar os outros. O segundo também é forte, mas está disposto a compartilhar território e recursos. Eles correspondem, de certa forma, aos personagens Scar e Simba em O Rei Leão, mas essa luta ocorre dentro de nós mesmos. A história sempre termina com uma pergunta ansiosa: "Qual deles vai vencer?" — e uma resposta: "Aquele que você alimenta".

Não há esperança sem desejo. O que você escolhe querer, o que deseja, importa. Querer é um pré-requisito para todos os tipos de esperança. Na linguagem do efeito Pigmalião, aquilo que você deseja profundamente afeta tanto o que você percebe quanto o que obtém. Claro, você nem sempre consegue o que quer, mas o desejo altera o terreno, moldando as possibilidades que você percebe e influenciando o que realmente acontecerá.

O desejo é uma questão de julgamento de importância. Estamos cercados por informações (opiniões, publicidade, persuasão, pregações e ensinamentos) que, ao menos em parte, têm a intenção de influenciar o que consideramos importante. Certamente, existem necessidades básicas de sobrevivência, como ar, água e comida, assim como necessidades psicológicas fundamentais, como amor, segurança e pertencimento. Além dessas necessidades, suas percepções sobre o que é importante e quanto você precisa de algo são influenciadas pelo ambiente social. Prioridades sobre o que importa às vezes são invertidas por epifanias súbitas ou uma experiência de quase-morte.[7] A reflexão intencional sobre seus próprios valores pode ajudar a esclarecer o que é mais importante.[8]

O que você deseja e espera para os outros também importa. Esperar algo apenas para si mesmo é um desejo pobre e egoísta. Desejos para aqueles que conhecemos e amamos podem se tornar profecias autorrealizáveis. Você pode emprestar sua esperança para pessoas que não têm nenhuma, que estão indiferentes ou desanimadas, até mesmo para aquelas que esmagariam a esperança dos outros.[9] Guardar a esperança apenas para si mesmo é de benefício limitado.

Também é verdade que você não precisa ir em busca de tudo o que deseja. Um garçom que pergunta "gostaria de sobremesa?" antecipa, mas não determina, o que você realmente escolherá. Às vezes, um garçom apresenta uma série de opções tentadoras de sobremesa à mesa, levando você um passo mais perto de fazer uma escolha e mais longe de dizer "não, obrigado". Um princípio da tentação é que a proximidade física de opções desejáveis pode aumentar o seu desejo. No entanto, em resposta à pergunta "você quer sobremesa?", é possível responder: "Sim, eu quero, e não, obrigado". Você não *precisa* conseguir tudo o que deseja.

A capacidade de escolher o que você quer pode parecer paradoxal. Não seria o desejo algo intrínseco ou condicionado, às vezes até inconsciente? Sim, isso é parcialmente verdade, e tentar *não* querer algo é como tentar não pensar em guaxinins. Quanto mais você tenta, mais fracassa. Ser informado de que não pode ter algo tende a torná-lo ainda mais atraente. Como pessoa com diabetes, às vezes me perguntam o que posso ou não comer. A verdade é que *posso* comer qualquer coisa; sou *capaz* disso, e a saúde está no equilíbrio entre escolha e consequências.[10] Descobri que, se eu dissesse a clientes ou crianças que não podiam fazer algo, eles rapidamente provavam que eu estava errado.

Em grande medida, você escolhe o que deseja. Seja intencional sobre o que decide querer para si e para os outros.

- O que importa para você? O que é verdadeiramente valioso?
- Se você decidisse mudar o que é importante para você, como faria isso?

- Pense em um momento de sua vida em que seu desejo por algo importante te ajudou a realizá-lo.

PROBABILIDADE

"Quais são minhas chances, doutor?" É uma pergunta comum, embora às vezes não verbalizada, ao se deparar com o diagnóstico de uma doença que ameaça a vida. Talvez seja possível oferecer um número baseado na ciência e em experiências passadas, mas muitas vezes o que desejamos ouvir é que as chances não são zero. Mesmo perspectivas pequenas podem ser mais acolhedoras do que um "nunca".

Ao considerar tratamentos para um problema significativo de saúde, as pessoas frequentemente se perguntam sobre suas chances de sucesso. Nos anos 1980, nosso grupo de pesquisa entrou em contato com diversos programas de tratamento para alcoolismo perguntando sobre suas taxas de sucesso. Alguns honestamente admitiram que não sabiam, mas muitos citaram números, sendo o menor deles 80%. Perguntamos então como eles chegaram a essa cifra. Ninguém possuía algo sequer próximo de dados objetivos. Eles, na verdade, também não sabiam, mas estavam sendo esperançosos com as estatísticas.[11]

As definições de sucesso são importantes. No contexto de problemas com álcool e outras drogas, grandes avanços foram feitos na definição e mensuração dos resultados dos tratamentos. O que constitui um sucesso no tratamento para parar de fumar ou de beber? Um critério seria a perfeição contínua: que a pessoa nunca mais fume ou beba. Esperar perfeição é uma razão comum para o fracasso de resoluções de Ano Novo. Isso é conhecido como o efeito de violação de regra: a ideia de que, uma vez quebrada a regra, não há mais nada a perder.[12]

Esperar perfeição no tratamento de doenças crônicas resultaria em taxas de sucesso sombrias. Quantas vezes uma pessoa em tratamento para diabetes, hipertensão, depressão ou asma nunca mais apresentará sintomas ou precisará de tratamento? Uma esperança razoável no manejo dessas condições é que os episódios sintomáticos se tornem menos frequentes, mais espaçados e menos graves. Aqueles que tratam tais doenças crônicas raramente são questionados sobre uma taxa de sucesso. No entanto, no tratamento dos transtornos por uso de substâncias, há uma tendência infeliz de classificar os casos tratados como sucessos ou fracassos. Uma análise estatística de curva de sobrevivência é, às vezes, usada para medir resultados: qual porcentagem de pessoas permanece totalmente abstinente (*versus* "com recaídas") após diferentes períodos?[13] Entre aqueles tratados para problemas com álcool nos Estados Unidos, cerca de um quarto mantém a abstinência de álcool por um ano, o que não soa muito esperançoso. Como mencionado no Capítulo 3, o que muitas vezes se ignora é que a maioria restante reduz, em média, 87% do consumo, o que claramente é suficiente para fazer uma diferença substancial na saúde e na qualidade de vida.[14] Contrariando o pessimismo público e, por vezes, profissional, a maioria das pessoas de fato melhora. Pensar na esperança em termos de "tudo ou nada" é enganoso e desnecessariamente desanimador.

Diferimos na quantidade de foco que damos a fatos e números. Algumas pessoas procuram ansiosamente por informações diárias no campo da política ou das finanças, enquanto outras evitam essas informações e quase não pensam nelas. Algumas evitam exames médicos e *check-ups* com receio de receber más notícias. Quando confrontado com um novo diagnóstico de uma condição médica grave, você gostaria de saber tudo a respeito ou preferiria não saber? A probabilidade é apenas uma das facetas da esperança, mas é importante considerá-la.

- Quão atento você é às informações sobre mudanças climáticas? Por quê?
- Quais esperanças ou decisões estão à sua espera em um futuro próximo e que poderiam ser influenciadas por mais informações? Que tipo(s) de informações você escolheria obter?
- Existem fontes potenciais de informação relevante que você tende a evitar? Por quê?
- Ao nutrir esperança, quanto você confia ou se baseia em informações factuais, intuição, sentimentos, valores e opiniões de outras pessoas?

POSSIBILIDADE

"Mas, professor, não seria possível que...?" É uma pergunta que eu logo aprendi a esperar ao ser interrogado em tribunais por advogados tentando levantar dúvidas razoáveis sobre meu testemunho. A psicologia não é uma ciência exata, e frequentemente eu tinha que admitir: "Sim, suponho que seja possível, embora improvável". Afinal, mesmo quando as chances de algo acontecer são pequenas, muitas vezes ainda é imaginável como uma possibilidade.

Possibilidades podem ser sedutoras, mas as pessoas frequentemente colocam esperança excessiva em probabilidades pequenas. É isso que mantém cassinos e loterias funcionando, e às vezes é completamente compreensível escolher a possibilidade em vez da probabilidade.[15] Por exemplo, e se a perspectiva de sucesso de uma cirurgia que salva vidas for de apenas 5%? Ainda assim, é provável que você deseje realizar o procedimento para si mesmo ou para um ente querido que, sem ele, certamente morreria.

Perceber possibilidades é um presente que você pode oferecer às pessoas, a uma organização ou a uma causa. A habilidade de visualizar diferentes possibilidades é fundamental para a criatividade e a orientação. Professores me ofereceram esse presente ao enxergar um potencial que eu mesmo não conseguia imaginar. Às vezes, um pequeno encorajamento sobre o que é possível pode ter um impacto profundo na vida de alguém. Antes de eu sequer pensar em escrever um artigo, o professor Lewis Goldberg me encorajou ao sugerir que um trabalho que eu havia escrito para sua disciplina era bom o suficiente para estar em um periódico científico — e deveria estar. Ele me orientou a submetê-lo, e aquele foi meu primeiro artigo publicado.[16] Em um momento da minha vida em que eu sequer sabia claramente que tipo de trabalho esperava realizar, aquele artigo me ajudou a conquistar um cargo docente e iniciar uma carreira para toda a vida como professor de psicologia e escritor. Em retribuição, busquei intencionalmente visualizar e sugerir possibilidades para os estudantes aos quais ofereci mentoria.

Nem todos desejam ser vistos como tendo potencial. Como mencionado no Capítulo 4, o cavaleiro errante Dom Quixote, no musical *O Homem de La*

Mancha, encontra uma prostituta chamada Aldonza, a quem ele enxerga e trata como a nobre Lady Dulcineia. Furiosa, ela o acusa de ser, dentre todos os homens que a haviam maltratado, o mais cruel por oferecer-lhe uma falsa esperança.[17] No entanto, ao final da história, ela incorpora e restaura a visão perdida do próprio Dom Quixote.

Você pode escolher buscar, visualizar e transmitir possibilidades. Eu tinha um amigo que realmente detestava seu trabalho, mas era tão excepcional em perceber possibilidades que sua empresa continuava aumentando seu salário para mantê-lo. Ele era valioso demais para perder, embora, no fim, sua própria visão de uma carreira mais recompensadora prevaleceu. Ele deixou o emprego, buscou uma nova formação, e décadas depois continua a desfrutar de seu trabalho, embora já possa se aposentar. A esperança nas possibilidades ultrapassa a realidade presente e as probabilidades.

- Quais possibilidades você enxerga para fazer uma contribuição modesta na solução de um grande problema social hoje?
- Como um local de trabalho ou organização de que você faz parte poderia incentivar as pessoas a vislumbrar e comunicar diferentes possibilidades?
- Quais rotinas estabelecidas na sua vida, trabalho ou família poderiam se beneficiar de novas opções e ideias revigorantes?

OTIMISMO

O otimismo e o pessimismo são perspectivas escolhidas. Ambos podem ser racionalizados, mas não confirmados para terceiros, e ambos podem ser considerados reais por quem os adota. Essencialmente, são pressupostos padrões: diante da dúvida ou ambiguidade, é mais provável que o resultado seja bom ou ruim? A expressão "benefício da dúvida" descreve uma postura otimista padrão. Se um amigo ou parceiro não atende ao telefone, as explicações que vêm à mente podem ser otimistas: estão ocupados, dormindo, relaxando, fazendo compras, ou talvez a bateria do celular tenha acabado ou esqueceram-se de ligar o aparelho. Já suposições pessimistas (dúvidas suspeitosas) podem levar a conclusões precipitadas: estão com raiva, intencionalmente se recusando a atender, evitando ou ignorando você, ou até mesmo estão doentes ou morreram. Nenhuma suposição esclarece imediatamente por que a pessoa não está atendendo. O benefício *versus* a suspeita da dúvida, no entanto, pode influenciar como você se sente e pensa enquanto não tem certeza, bem como o que dirá ao encontrar a pessoa novamente.

As consequências do otimismo ou do pessimismo para você, o adivinho, são mais consistentes. A escolha dos pressupostos afeta não apenas como você se sente no momento, mas também influencia a saúde e os relacionamentos no longo prazo. Essas explicações escolhidas podem, inclusive, se tornar autorrealizáveis. Como discutido no Capítulo 5, o pessimismo está associado a uma infinidade de males médicos, psicológicos e interpessoais. Escolha o benefício da dúvida! Você pode reforçá-lo com um otimismo ativo, fazendo algo para realizar a expectativa positiva, em vez de simplesmente esperar passivamente.

Talvez você tenha dúvidas sobre adotar o otimismo, especialmente se tende ao pessimismo e odeia ser desapontado. Às vezes me descrevo como um otimista patológico. Escolho errar pelo lado da confiança, do perdão, da insistência e da expectativa do melhor nas pessoas. A decepção raramente me afeta muito, e "até que se prove o contrário" pode demorar um pouco demais para mim. Ainda assim, acredito que vale o risco. O pessimismo não fundamentado pode ser mais custoso do que o otimismo infundado.

Há uma ciência bem desenvolvida de substituir pensamentos derrotistas e desesperançosos.[18] Em termos gerais, o primeiro passo é perceber quando você está pensando negativamente e reconhecer que está fazendo suposições. O que exatamente você está dizendo a si mesmo em situações de dúvida e incerteza? O próximo passo é interromper o hábito, por exemplo, dizendo a si mesmo algo como "espera aí...". Por fim, encontre um pensamento substituto ou antídoto para preencher a incerteza com uma possibilidade mais otimista. Trata-se de praticar uma nova forma de pensar que concede a você e aos outros o benefício da dúvida.

- Você está ciente de que, em situações de dúvida ou incerteza, seus pensamentos são, na verdade, suposições?
- Consegue se lembrar de uma situação em que assumiu o pior, mas acabou se enganando?
- Que linha de raciocínio você poderia oferecer a si mesmo ou a outra pessoa para conceder o benefício da dúvida?
- Se decidisse adotar uma postura mais otimista, qual seria seu primeiro passo?

CONFIANÇA

Lembro-me de uma noite em que saí de um prédio isolado em uma parte desconhecida da cidade, onde havia acabado de dar uma palestra. Era uma noite sem lua, e o estacionamento não tinha iluminação. Eu caminhava em direção ao meu carro, que estava a uma certa distância do prédio. Conforme meus olhos se ajustavam à escuridão, ouvi passos atrás de mim. Meu ritmo acelerou, assim como os passos e também meu batimento cardíaco.

— Dr. Miller? — Ah, que alívio; é alguém que me conhece. Parei e me virei para descobrir quem era, sentindo uma onda de confiança. Ele era um homem grande, com a aparência de um jogador de futebol americano.

— Você talvez não se lembre de mim — ele disse —, mas fui seu aluno na universidade há alguns anos e fiz sua disciplina sobre alcoolismo. — Uma familiaridade a mais, e a confiança aumentou.

— Ah, como foi a disciplina para você?

— Você me deu um F, e eu fui reprovado na faculdade. — Minha apreensão voltou, e o coração acelerou novamente. Na penumbra, mal conseguia distinguir suas feições, e não me lembrava dele da sala de aula cheia. As pessoas que frequentavam minha aula de alcoolismo geralmente tinham experiências e dores pessoais. Talvez ele fosse um dos que ficavam encostados na parede do fundo.

— Bem, espero que tenha havido algo útil para você na disciplina.

— Ah, teve. Eu só queria agradecer. Seu curso salvou minha vida, e estou sóbrio há três anos. — Mais uma vez, alívio.

— Parabéns! Três anos! — Apertamos as mãos, e ele me deu um abraço de urso.

De todos os tipos de esperança discutidos neste livro, a confiança talvez seja o exemplo mais claro de uma escolha. Ninguém decide por você entre confiar ou não, e essa é uma avaliação que pode flutuar de momento a momento. Esse breve exemplo ilustra como a confiança e seu oposto, o medo, podem oscilar em questão de segundos.

A confiança é um julgamento sobre segurança, uma decisão de assumir ou depositar seu bem-estar em uma pessoa ou situação. Certamente, há contextos em que confiar é imprudente. Golpes cada vez mais engenhosos chegam por telefone e internet, exigindo cautela. A hipervigilância tem valor de sobrevivência para soldados em zonas de combate. No retorno à vida civil, seja após o combate ou a prisão, a hipervigilância persistente é frequentemente parte do transtorno de estresse pós-traumático, tornando um desafio reaprender a confiar — ou talvez aprender a confiar pela primeira vez.

Confiar envolve coragem e risco, mas há boas razões para escolher e praticar essa forma de esperança. Assim como a desconfiança é contagiosa, a confiança convida e oferece uma oportunidade para a confiabilidade. Assim como somos naturalmente generosos ao julgar nossas próprias virtudes e falhas, podemos estender essa mesma generosidade aos outros. É razoável confiar e verificar, assim como aceitar e perdoar. Você conhece o ditado que diz que, quando você aponta um dedo para outra pessoa, há três dedos apontando de volta para você? Criticar e julgar é fácil; confiar é mais difícil. Minha experiência é que, quando praticamos a aceitação das pessoas como elas são, duas coisas interessantes acontecem. Primeiro, isso facilita a mudança para elas, e segundo, tornamo-nos mais tolerantes com nossas próprias imperfeições.

- O que você pensa e sente ao escolher a confiança como uma suposição inicial em relacionamentos?
- Quais sinais você acredita que influenciam sua decisão de confiar ou desconfiar de alguém ao conhecê-lo?
- Como você poderia experimentar oferecer confiança e o benefício da dúvida?

SIGNIFICADO E PROPÓSITO

Independentemente do que esteja acontecendo, você escolhe como irá entender uma determinada situação. Você constrói e descobre significado nos eventos da vida, sejam eles alegres ou angustiantes. Algumas pessoas, por exemplo, percebem o presente como algo que se desenrola de acordo com um plano benevolente subjacente ou têm um senso de propósito pessoal e missão de vida que transcende eventos específicos.[19] Um senso de gratidão pode fornecer uma estrutura mais ampla para experimentar a vida e a morte.[20] Um tema frequente em experiências místicas e transformadoras é a interconexão com toda a humanidade ou uma unidade com tudo o que existe. Praticar a atenção plena ensina a aceitação sem julgamento. Essas perspectivas funcionam como lentes pelas quais você experiencia e compreende a vida. Podemos adotar essas lentes, mas não podemos prová-las ou escolhê-las por outras pessoas. Elas funcionam como os filtros usados para proteger os olhos ao observar um eclipse solar.

Para algumas pessoas, um novo olhar sobre a vida ocorre em uma experiência momentânea de "eureca!". Elas passam a enxergar a vida de maneira diferente de suas suposições habituais. Veja como um homem descreveu essa experiência:

> Tudo fez sentido para mim, quando percebi que há um todo universal e que, através dele, estou ligado a você e a tudo no universo. Vi que há algo muito maior do que este mundo físico em que vivemos e comecei a me perguntar: "O que é real, qual é o significado da vida,

pelo que devo lutar?". Percebi que minha mente havia sido distorcida, que, quando criança, fui moldado em algo que não era meu eu natural. Então me dei conta de que estava conectado a todas as pessoas que machuquei ao longo do caminho e que ser gentil com elas era algo extremamente importante.[21]

Tenho a felicidade de participar de um grupo de apoio masculino que se reúne há mais de 40 anos. A cada duas semanas, nos reunimos para conversar sobre os acontecimentos em nossas vidas. Esse grupo, para mim, funciona como uma lente inestimável para perceber o significado da vida. São homens que me conhecem há tanto tempo que compreendem o contexto maior em que os eventos atuais se encaixam na minha trajetória. Juntos, passamos por alegrias e tristezas, nascimentos e mortes, adoções e separações, casamentos e divórcios. Inúmeras vezes, eles me ajudaram a colocar minhas experiências de vida em perspectiva. Esse é um presente que amigos de longa data podem oferecer uns aos outros: ouvir atentamente como o presente se entrelaça com o passado e o futuro.

Em diversas culturas, ter relacionamentos sociais positivos está associado à felicidade, ao bem-estar e a um senso de significado na vida[22]. Além dos relacionamentos, as pessoas também encontram propósito por meio do trabalho, da fé e de valores pessoais. A revisão e a reminiscência da vida são práticas usadas em muitas culturas para fortalecer um senso de significado, coerência e bem-estar, além de aliviar a depressão e a confusão em idades avançadas.[23] Refletir sobre eventos da vida, por exemplo, em um diário de gratidão, pode também intensificar o significado da vida entre jovens adultos.[24] Comum a todas essas práticas é o fato de que elas envolvem reservar um tempo para refletir sobre experiências de vida, seja sozinho ou na companhia de outros.

- Quais aspectos de sua própria percepção de significado e propósito mais lhe trazem esperança?
- Às vezes, significado e propósito vêm com a dedicação a uma pessoa, um valor ou uma causa específica. A que ou a quem você é devoto?

- Com quem você compartilhou anos suficientes de sua vida para refletir sobre o que essa proximidade significou para você e para essa pessoa?

PERSEVERANÇA

Christine despertou em um leito de UTI dois dias após uma colisão frontal que lesionou sua medula espinal, deixando-a paraplégica. Foram dias de consciência nebulosa e confusão, além de uma cirurgia para estabilizar sua coluna, antes de ser transferida para uma ala de recuperação. No sábado, aqueles que a visitaram ficaram surpresos ao encontrá-la sentada ereta na cama, amparada por travesseiros, aparentemente bem-humorada e trabalhando em seu *laptop* e celular. Os amigos sussurravam, intrigados, se ela não estaria negando sua condição. O que Christine estava fazendo, ao que parecia, era redesenhar a entrada de sua casa para torná-la acessível e decidir como transformar um quarto de hóspedes em um escritório para trabalho remoto. Ela pediu medições específicas para traçar seus planos. Sua esposa, no entanto, não se surpreendeu. "Isso é o que ela faz. Quando confrontada com dificuldades, ela vai direto para a solução de problemas. Ela vai ficar bem."

A escolha entre seguir em frente ou desistir é uma questão de esperança. Recordo com carinho observar uma criança pequena, talvez de 2 ou 3 anos, tentando se equilibrar em uma pista de patinação no gelo. Não consegui distinguir se era um menino ou menina, pois estava agasalhada, com luvas e acolchoada como um ursinho. Sem nenhum adulto por perto, a criança dava alguns passos curtos, caía, levantava-se novamente, avançava, caía, e se erguia incansavelmente, repetidamente. Não havia sinais de frustração ou constrangimento, apenas progresso constante.

Não é tão simples quanto dizer que "pessoas esperançosas simplesmente continuam tentando". É verdade que algumas pessoas são naturalmente mais teimosas e persistentes, menos propensas a mudar de rumo apenas porque encontram dificuldade, enquanto outras, ao se depararem com obstáculos, preferem buscar um caminho mais fácil. Ambas as disposições podem ser sábias ou perigosas, dependendo da situação. Saber distinguir entre o que é ou não viável não é uma tarefa simples, e testar possibilidades pode ser uma parte importante do discernimento. Continuar tentando é um traço de resiliência. O ato de tentar, por si só, é uma forma de esperança, e a perseverança obstinada às vezes realiza o que antes parecia impossível.

Outra escolha é aceitar que a mudança desejada não ocorrerá e seguir em frente. Pessoas em relacionamentos difíceis ponderam essa decisão de continuar tentando ou não. Com um colega, parecia que tudo o que eu fazia para suavizar nossa relação só piorava as coisas, e acabei decidindo que o melhor seria minimizar o contato. Quando as dificuldades são com alguém que amamos, é desafiador estabelecer limites claros sobre o que faremos e suportaremos, ao mesmo tempo em que preservamos o relacionamento valioso. Quando os esforços para alcançar um resultado desejado não têm sucesso, reduzir as expectativas é uma resposta normal, mas que também carrega o risco de perder oportunidades reais.

Lembre-se também da diferença entre persistência e perseverança. Em minha carreira no campo dos transtornos por uso de substâncias, conheci muitas pessoas que fizeram múltiplas tentativas de tratamento sem sucesso, às vezes dez ou mais. Seria fácil concluir que essas pessoas eram casos perdidos e nunca mudariam. Com frequência, o que lhes era oferecido eram apenas repetidas rodadas do mesmo tratamento que não havia funcionado para elas. Um princípio geral no cuidado à saúde é que, quando uma abordagem não está funcionando, deve-se tentar outra coisa. No tratamento de problemas comportamentais, há frequentemente um cardápio esperançoso de diferentes alternativas baseadas em evidências. Um sistema de cuidado compassivo disponibiliza essas opções variadas, em vez de exigir que todos se adaptem a um único tipo de tratamento.[25]

Escolher a esperança, então, pode significar tentar abordagens diferentes quando algo não está funcionando. Como descrito no Capítulo 8, o fracasso inicial na construção do Canal do Panamá foi resultado da persistência em uma única ideia.

- Em algum momento de sua vida, você continuou fazendo algo que não estava funcionando?
- Pense em alguém da ficção ou da vida real que tentou diferentes abordagens para alcançar um objetivo desejado.
- O que você acha que mantém as pessoas esperançosas e persistentes, apesar das dificuldades e obstáculos? O que mantém você em movimento?
- Como você decide entre perseverar ou aceitar a realidade?

ESPERANÇA ALÉM DA ESPERANÇA

Ninguém pode escolher a esperança por você. As pessoas podem compartilhar suas próprias razões para ter esperança, sugerir diferentes pontos de vista e alternativas, mas, em última análise, a escolha é sua. Da mesma forma, você pode oferecer às pessoas a sua perspectiva esperançosa, mas a decisão de aceitá-la pertence a elas. Você pode mostrar onde está a água, mas, a partir daí, cabe ao sedento beber. A esperança não pode ser imposta; ela precisa ser acolhida e absorvida. Essa porta se abre de dentro para fora.

Podemos optar por continuar sendo cheios de esperança mesmo quando outras formas de esperança parecem esgotadas. Podemos amar sem reservas ou expectativas.[26] Não amamos nossos filhos apenas se eles mudarem, mas *para que* possam mudar e crescer. Escolhemos o horizonte nascente em direção ao qual queremos orientar nossas vidas com esperança.

Não se desanime com as oscilações ou conflitos em sua esperança. Isso é normal. Um estado de espírito esperançoso não é constante, mas tem altos e baixos e, às vezes, cai em completo silêncio.[27] É humano ter esperanças e sentimentos conflitantes, e abraçá-los juntos pode, em si, ser um ato de esperança. É até possível manter simultaneamente esperança e desespero sem precisar escolher entre eles.[28] Como discutido no Capítulo 9, podemos escolher esperar sem expectativas específicas, mas ainda assim com um senso de expectativa, curiosidade e coragem.

- Quais seriam, na sua opinião, as razões mais profundas para escolher a esperança?
- Você conhece alguém que manteve a esperança diante de probabilidades desafiadoras, recusando-se a sucumbir ao desespero, cinismo ou desesperança?
- O que você considera como uma esperança suprema que vai além de sua própria existência?

NUTRIR A ESPERANÇA

Por fim, escolha condições que cultivem esperança em si mesmo e nos outros. Existem pelo menos essas oito variedades de esperança dentre as quais você pode escolher. Use-as como uma paleta de cores profundas para pintar seu mundo. Como você está escolhendo ter esperança (ou não) neste momento da sua vida? Você pode decidir o que deseja, o que é mais importante (Capítulo 2), imaginar e explorar possibilidades (Capítulo 3). Você pode buscar e se abrir aos fatos (Capítulo 4) e enfatizar o positivo (Capítulo 5). Pode escolher dar o benefício da dúvida (Capítulo 6) e encontrar um significado esperançoso nas coisas como são (Capítulo 7). Diante de decepções e obstáculos, pode optar por seguir em frente ou descobrir novos caminhos para alcançar seu destino (Capítulo 8). E, mesmo quando parece não haver um caminho adiante, você pode decidir manter a fé em seus valores e visão (Capítulo 9).

> Quais aspectos da esperança abordados neste livro mais facilmente encontram abrigo em você?

As condições que favorecem a esperança nos outros também se aplicam a você, e cultivar esperança nos outros pode energizar a sua própria.[29] Quando você está isolado, é mais difícil encontrar e manter esperanças. Os relacionamentos e o apoio social são importantes; pássaros esperançosos voam juntos.[30] Torne-se curioso e explore, em conjunto, onde a esperança pode estar repousando e como ela pode ser despertada.[31] Mais do que a inação, agir com esperança, mesmo de forma simbólica, alimenta o empoderamento.[32] Não deixe de fazer algo só porque parece pouco. Mesmo pequenos esforços podem ter impacto e, por si só, já são atos de esperança.

A esperança é como você aborda o presente e o futuro que está sempre se transformando em presente. Quando tiver a oportunidade, o que acontece frequentemente, escolha a esperança. Acolha-a de forma voluntária. Busque a esperança em qualquer uma de suas muitas facetas, e é provável que você a encontre. No fim das contas, escolher a esperança pode ser o ato mais esperançoso de todos.

Assim, deixo você com uma bênção de Nelson Mandela:

"Que suas escolhas reflitam suas esperanças, não seus medos."

Notas

CAPÍTULO 1. Encontrando nosso caminho na escuridão

1. Moltmann, J. (1993). *Theology of hope*. Fortress Press.
   Brueggemann, W. (2001). *The prophetic imagination* (2ª ed.). Fortress Press.
2. van Vliet, J. (2020). An ontology of human flourishing: Economic development and epistemologies of faith, hope, and love. Em S. C. van den Heuvel (Ed.), *Historical and multidisciplinary perspectives on hope* (pp. 239–261). Springer Open.
3. De Alexander Pope (1734), *An essay on man*.
4. Wilkinson, R., & Pickett, K. (2009). *The spirit level: Why greater equality makes societies stronger*. Bloomsbury Press.
5. Webb, D. (2007). Modes of hoping. *History of the Human Sciences, 20*(3), 65–83.
6. 1 Corinthians 13:13. (1989). *The Holy Bible: New Revised Standard Version*. Oxford University Press.
7. Scioli, A. (2020). The psychology of hope: A diagnostic and prescriptive account. In S. C. van den Heuvel (Ed.), *Historical and multidisciplinary perspectives on hope* (pp. 137–163). Springer Open.

8. Kurin, R. (2007). *Hope diamond: The legendary history of a cursed gem*. HarperCollins.
9. Moltmann, J. (1993). *Theology of hope*. Fortress Press.
10. Boukala, S., & Dimitrakopoulou, D. (2017). The politics of fear vs. the politics of hope: Analysing the 2015 Greek election and referendum campaigns. *Critical Discourse*, 14(1), 39–55.
11. Tierney, J., & Baumeister, R. F. (2021). *The power of bad: How the negativity effect rules us and how we can rule it*. Penguin Books.
12. Baseado em um discurso de 1933 do Presidente Franklin D. Roosevelt durante a Grande Depressão.
13. Snyder, C. J. (2000). The past and possible futures of hope. *Journal of Social and Clinical Psychology*, 19(1), 11–28.
14. Beck, A. T., Steer, R. A., Beck, J. S., & Newman, C. F. (1993). Hopelessness, depression, suicidal ideation, and clinical diagnosis of depression. *Suicide and Life-Threatening Behavior*, 23(2), 139–145.
15. Haaga, D. A. F., & Beck, A. T. (1995). Perspectives on depressive realism: Implications for cognitive theory of depression. *Behaviour Research and Therapy*, 33(1), 41–48.
16. Shakespeare, W. *Hamlet*, Ato III, Cena 1.
17. Menninger, K. (1959). The academic lecture on hope. *American Journal of Psychiatry*, 116(6), 481–491. Citações da página 481.
18. Schrank, B., Stanghellini, G., & Slade, M. (2008). Hope in psychiatry: A review of the literature. *Acta Psychiatrica Scandinavica*, 118(6), 421–433.
19. Goodall, J., Abrams, D., & Hudson, G. (2021). *The book of hope: A survival guide for trying times*. Celadon Books.
    Macy, J., & Johnstone, C. (2022). *Active hope: How to face the mess we're in with unexpected resilience & creative power* (rev. ed.). New World Library.
    Northcott, M. S. (2020). Ecological hope. In S. C. van den Heuvel (Ed.), *Historical and multidisciplinary perspectives on hope* (pp. 215–238). Springer Open.
20. van Vliet, J. (2020). An ontology of human flourishing: Economic development and epistemologies of faith, hope, and love. In S. C. van den Heuvel (Ed.), *Historical and multidisciplinary perspectives on hope* (pp. 239–261). Springer Open.

21. Olsman, E. (2020). Hope in health care: A synthesis of review studies. In S. C. van den Heuvel (Ed.), *Historical and multidisciplinary perspectives on hope* (pp. 197–214). Springer Open.

    Snyder, C. R., Irving, L. M., & Anderson, J. R. (1991). Hope and health. In C. R. Snyder & D. R. Forsyth (Eds.), *Handbook of social and clinical psychology: The health perspective* (pp. 285–305). Pergamon Press.

22. Duggleby, W., Hicks, D., Nekolaichuk, C., Holtslander, L., Williams, A., Chambers, T., & Eby, J. (2012). Hope, older adults, and chronic illness: A metasynthesis of qualitative research. *Journal of Advanced Nursing, 68*(6), 1211–1223.

    Kylmä, J., Duggleby, W., Cooper, D., & Molander, G. (2009). Hope in palliative care: An integrative review. *Palliative and Supportive Care, 7*(3), 365–377.

23. Gravlee, G. S. (2020). Hope in ancient Greek philosophy. In S. C. van den Heuvel (Ed.), *Historical and multidisciplinary perspectives on hope* (pp. 3–23). Springer Open.

    Michener, R. T. (2020). Post-Kantian to postmodern considerations of (theological) hope. In S. C. van den Heuvel (Ed.), *Historical and multidisciplinary perspectives on hope* (pp. 77–97). Springer Open.

24. Cohen-Chen, S., Halperin, E., Crisp, R. J., & Gross, J. J. (2014). Hope in the Middle East: Malleability beliefs, hope, and the willingness to compromise for peace. *Social Psychological and Personality Science, 5*(1), 67–75.

    Sleat, M. (2013). Hope and disappointment in politics. *Contemporary Politics, 19*(2), 131–145.

25. Scioli, A. (2020). The psychology of hope: A diagnostic and prescriptive account. In S. C. van den Heuvel (Ed.), *Historical and multidisciplinary perspectives on hope* (pp. 137–163). Springer Open.

    Snyder, C. R. (Ed.). (2000). *Handbook of hope: Theory, measures, and applications*. Academic Press.

26. Cohen-Chen, S., Halperin, E., Crisp, R. J., & Gross, J. J. (2014). Hope in the Middle East: Malleability beliefs, hope, and the willingness to compromise for peace. *Social Psychological and Personality Science, 5*(1), 67–75.

    Petersen, A., & Wilkinson, I. (2015). Editorial introduction: The sociology of hope in contexts of health, medicine, and healthcare. *Health (London), 19*(2), 113–118.

27. Elliot, D. (2020). Hope in theology. In S. C. van den Heuvel (Ed.), *Historical and multidisciplinary perspectives on hope* (pp. 117-136). Springer Open.

    Wright, N. T. (2008). *Surprised by hope*. HarperOne.

28. Jarymowicz, M., & Bar-Tal, D. (2006). The dominance of fear over hope in the life of individuals and collectives. *European Journal of Social Psychology, 36*(3), 367-392.

29. Rustøen, T. (1995). Hope and quality of life, two central issues for cancer patients: A theoretical analysis. *Cancer Nursing, 18*(5), 355-361.

30. Olsman, E. (2020). Hope in health care: A synthesis of review studies. In S. C. van den Heuvel (Ed.), *Historical and multidisciplinary perspectives on hope* (pp. 197-214). Springer Open.

31. Duggleby, W., Hicks, D., Nekolaichuk, C., Holtslander, L., Williams, A., Chambers, T., & Eby, J. (2012). *Hope, older adults, and chronic illness: A metasynthesis of qualitative research*. Journal of Advanced Nursing, 68(6), 1211-1223.

32. Karatepe, O. M. (2014). *Hope, work engagement, and organizationally valued performance outcomes: An empirical study in the hotel industry*. Journal of Hospitality Marketing & Management, 23(6), 678-698.

    Peterson, S. J., & Byron, K. (2007). *Exploring the role of hope in job performance: Results from four studies*. Journal of Organizational Behavior, 28(6), 785-803.

    Duggleby, W., Cooper, D., & Penz, K. (2009). *Hope, self-efficacy, spiritual well-being, and job satisfaction*. Journal of Advanced Nursing, 65(11), 2376-2385.

33. Yotsidi, V., Pagoulatou, A., Kyriazos, T., & Stalikas, A. (2018). *The role of hope in academic and work environments: An integrative literature review*. Psychology, 9(3), 385-402.

34. Kortte, K. B., Stevenson, J. E., Hosey, M. M., Castillo, R., & Wegener, S. T. (2012). *Hope predicts positive functional role outcomes in acute rehabilitation populations*. Rehabilitation Psychology, 57(3), 248-255.

35. Bartholomew, T. T., Joy, E. E., & Gundel, B. E. (2021). *Clients' hope for counseling as a predictor of outcome in psychotherapy*. The Counseling Psychologist, 49(8), 1126-1146.

    Irving, L. M., Snyder, C. R., Cheavens, J., Gravel, L., Hanke, J., Hilberg, P., & Nelson, N. (2004). *The relationships between hope and outcomes at the pretreatment,* beginning, and later phases of psychotherapy. *Journal of Psychotherapy Integration*, 14(4), 419–443.

36. Bandura, A. (1982). *Self-efficacy mechanism in human agency*. American Psychologist, 37, 122–147.

    Hevey, D., Smith, M. L., & McGee, H. M. (1998). *Self-efficacy and health behaviour: A review*. Irish Journal of Psychology, 19(2–3), 248–273.

    O'Leary, A. (1985). *Self-efficacy and health*. Behaviour Research and Therapy, 23(4), 437–451.

37. Gravlee, G. S. (2020). *Hope in ancient Greek philosophy*. In S. C. van den Heuvel (Ed.), *Historical and multidisciplinary perspectives on hope* (pp. 3–23). Springer Open.

38. Pichalakkatt, B. J. (2013). *Matter matters: The eschatology of matter*. European Journal of Science and Theology, 9(3), 29–43.

    Teilhard de Chardin, P. (1964). *The future of man*. Doubleday.

39. Martin Luther King Jr. *Remaining awake through a great revolution*. Discurso na National Cathedral em Washington, D.C., 31 de março 31, 1968. Uma fonte mais antiga dessa citação pode ser atribuída ao pastor e abolicionista do século XIX, Theodore Parker.

40. Luthans, F., Avey, J. B., Avolio, B. J., & Peterson, S. J. (2010). *The development and resulting performance impact of positive psychological capital*. Human Resource Development Quarterly, 21(1), 41–67.

41. Folkman, S. (2010). *Stress, coping, and hope*. Psycho-Oncology, 19(9), 901–908.

42. Olsman, E. (2020). *Hope in health care: A synthesis of review studies*. In S. C. van den Heuvel (Ed.), *Historical and multidisciplinary perspectives on hope* (pp. 197–214). Springer Open.

CAPÍTULO 2. Desejo

1. Addams, J. (2019). *Twenty years at Hull-House*. IndoEuropean Publishing.
    www.nobelprize.org/prizes/peace/1931/addams/biographical
    www.womenshistory.org/education-resources/biographies/jane-addams
    https://en.wikipedia.org/wiki/Jane_Addams

2. Goddard, C., & Wierzbicka, A. (1994). *Semantic and lexical universals*. John Benjamins.

3. Rosenthal, R. (2002). The Pygmalion effect and its mediating mechanisms. In J. Aronson (Ed.), *Improving academic achievement: Impact of psychological factors on education* (pp. 25–36). Academic Press.

   Szumski, G., & Karwowski, M. (2019). Exploring the Pygmalion effect: The role of teacher expectations, academic self-concept, and class context in students' math achievement. *Contemporary Educational Psychology, 59*.

4. Eden, D. (1992). Leadership and expectations: Pygmalion effects and other self-fulfilling prophecies in organizations. *The Leadership Quarterly, 3*(4), 271–305.

   Inamori, T., & Analoui, F. (2010). Beyond Pygmalion effect: The role of managerial perception. *Journal of Management Development, 29*(4), 306–321.

5. Kierein, N. M., & Gold, M. A. (2000). Pygmalion in work organizations: A meta-analysis. *Journal of Organizational Behavior, 21*(8), 913–928.

6. Milona, M. (2020). Philosophy of hope. In S. C. van den Heuvel (Ed.), *Historical and multidisciplinary perspectives on hope* (pp. 99–116). Springer Open.

7. Wiles, R., Cott, C., & Gibson, B. E. (2008). Hope, expectations and recovery from illness: A narrative synthesis of qualitative research. *Journal of Advanced Nursing, 64*(6), 564–573.

8. Milona, M. (2020). Philosophy of hope. In S. C. van den Heuvel (Ed.), *Historical and multidisciplinary perspectives on hope* (pp. 99–116). Springer Open.

9. van den Heuvel, S. C. (2020). *Historical and multidisciplinary perspectives on hope*. Springer Open.

10. Drahos, P. (2004). Trading in public hope. *Annals of the American Academy of Political and Social Science, 592*, 18–38.

11. Miller, W. R., & Rollnick, S. (2023). *Motivational interviewing: Helping people change and grow* (4th ed.). Guilford Press.

12. Rollnick, S. (1998). Readiness, importance, and confidence: Critical conditions of change in treatment. In W. R. Miller & N. Heather (Eds.), *Treating addictive behaviors* (2nd ed., pp. 49–60). Plenum Press.

    Miller, W. R., & Rollnick, S. (1991). *Motivational interviewing: Preparing people to change addictive behavior*. Guilford Press.

13. Snyder, C. R. (1994). *The psychology of hope*. Free Press.

    Snyder, C. R. (Ed.). (2000). *Handbook of hope: Theory, measures, and applications*. Academic Press.

14. Snyder, C. R., Harris, C., Anderson, J. R., Holleran, S. A., Irving, L. M., Sigmon, S. T., . . . Harney, P. (1991). The will and the ways: Development and validation of an individual-differences measure of hope. *Journal of Personality and Social Psychology*, 60(4), 570–585.

15. Leshem, O. A., & Halperin, E. (2020). Hope during conflict. In S. C. van den Heuvel (Ed.), *Historical and multidisciplinary perspectives on hope* (pp. 179–196). Springer Open.

16. Bernardo, A. B. I. (2010). Extending hope theory: Internal and external locus of trait hope. *Personality and Individual Differences*, 49(8), 944–949.

    Gallagher, M. W., & Lopez, S. J. (2009). Positive expectancies and mental health: Identifying the unique contributions of hope and optimism. *Journal of Positive Psychology*, 4(6), 548–556.

17. Kortte, K. B., Stevenson, J. E., Hosey, M. M., Castillo, R., & Wegener, S. T. (2012). Hope predicts positive functional role outcomes in acute rehabilitation populations. *Rehabilitation Psychology*, 57(3), 248–255.

18. Bandura, A. (1997). *Self-efficacy: The exercise of control*. Freeman.

19. Gollwitzer, P. M. (1999). Implementation intentions: Strong effects of simple plans. *American Psychologist*, 54(7), 493–503.

20. Pinsent, A. (2020). Hope as a virtue in the Middle Ages. In S. C. van den Heuvel (Ed.), *Historical and multidisciplinary perspectives on hope* (pp. 47–60). Springer Open.

21. Thurman, H. (1996). *Jesus and the Disinherited*. Beacon Press.

22. Elliott, R., Bohart, A. C., Watson, J. C., & Greenberg, L. S. (2011). Empathy. *Psychotherapy*, 48(1), 43–49.

    Moyers, T. B., & Miller, W. R. (2013). Is low therapist empathy toxic? *Psychology of Addictive Behaviors*, 27(3), 878–884.

23. Kylmä, J., Duggleby, W., Cooper, D., & Molander, G. (2009). Hope in palliative care: An integrative review. *Palliative and Supportive Care*, 7(3), 365–377.

24. Leake, G. J., & King, A. S. (1977). Effect of counselor expectations on alcoholic recovery. *Alcohol Health & Research World*, 1(3), 16–22.

25. Downey, G., Freitas, A. L., Michaelis, B., & Khouri, H. (1998). The self-fulfilling prophecy in close relationships: Rejection sensitivity and rejection by romantic partners. *Journal of Personality and Social Psychology, 75*(2), 545–560.

26. Este ponto foi expressivamente abordado por Mark Twain em seu conto "The War Prayer", que, a pedido do autor, foi publicado apenas após sua morte. Twain, M. (2015). *The War Prayer*. Rough Draft Printing.

27. Cannon, W. B. (1942). "Voodoo" death. *American Anthropologist, 44*(2), 169–181.

28. Sternberg, E. M. (2002). Walter B. Cannon and "voodoo death": A perspective from 60 years on. *American Journal of Public Health, 92*(10), 1564–1566.

29. Merton, R. K. (1948). The self-fulfilling prophecy. *Antioch Review, 8*(2), 193–210.

30. Jussim, L. (1986). Self-fulfilling prophecies: A theoretical and integrative review. *Psychological Review, 93*(4), 429–445.

31. Snyder, M., & Swann, W. B., Jr. (1978). Behavioral confirmation in social interaction: From social perception to social reality. *Journal of Experimental Social Psychology, 14*, 148–162.

32. Chen, M., & Bargh, J. A. (1997). Nonconscious behavioral confirmation processes: The self-fulfilling consequences of automatic stereotype activation. *Journal of Experimental Social Psychology, 33*(5), 541–560.

33. Rosenhan, D. L. (1973). On being sane in insane places. *Science, 179*, 250–258.

34. Becker, K. J., Baxter, A. B., Cohen, W. A., Bybee, H. M., Tirschwell, D. L., Newell, D. W., . . . Longstreth, W. T. (2001). Withdrawal of support in intracerebral hemorrhage may lead to self-fulfilling prophecies. *Neurology, 56*(6), 766–774.

35. Haley, A., & Malcolm X. (1964). *The Autobiography of Malcolm X as Told to Alex Haley* (pp. 38–39). Ballantine.

36. Nowinski, J. (2004). Evil by default: The origins of dark visions. *Journal of Clinical Psychology: In Session, 60*, 519–530.

37. Um exemplo clássico é dramatizado no filme *It's a Wonderful Life*, de Frank Capra.

38. Kahneman, D. (2011). *Thinking, Fast and Slow*. Farrar, Straus and Giroux.

Nickerson, R. S. (1998). Confirmation bias: A ubiquitous phenomenon in many guises. *Review of General Psychology, 2*(2), 175–220.

39. Simons, D. J., & Chabris, C. F. (1999). Gorillas in our midst: Sustained inattentional blindness for dynamic events. *Perception, 28*(9), 1059–1074.

40. Carver, S. C., & White, T. L. (1994). Behavioral inhibition, behavioral activation, and affective responses to impending reward and punishment: The BIS/BAS scales. *Journal of Personality and Social Psychology, 67*, 319–333.
Gray, J. A. (1990). Brain systems that mediate both emotion and cognition. *Cognition and Emotion, 4*, 269–288.

41. McSorley, E., & Morriss, J. (2017). What you see is what you want to see: Motivationally relevant stimuli can interrupt current resource allocation. *Cognition and Emotion, 31*(1), 168–174.

42. Strachman, A., & Gable, S. L. (2006). What you want (and do not want) affects what you see (and do not see): Avoidance social goals and social events. *Personality and Social Psychology Bulletin, 32*(11), 1446–1458.

43. Nikitin, J., & Freund, A. M. (2015). What you want to avoid is what you see: Social avoidance motivation affects the interpretation of emotional faces. *Motivation and Emotion, 39*(3), 384–391.

44. Balcetis, E., & Dunning, D. (2006). See what you want to see: Motivational influences on visual perception. *Journal of Personality and Social Psychology, 91*(4), 612–625.

45. Blöser, C. (2020). Enlightenment views of hope. In S. C. van den Heuvel (Ed.), *Historical and Multidisciplinary Perspectives on Hope* (pp. 61–76). Springer Open.

46. Ao longo dos anos, nosso grupo de pesquisa na University of New Mexico desenvolveu várias intervenções eficazes, incluindo a entrevista motivacional, o treinamento de autocontrole comportamental e o método Community Reinforcement and Family Training (CRAFT), que impactaram muitas vidas.

47. McLellan, A. T., Koob, G. F., & Volkow, N. D. (2022). Pre-addiction—A missing concept for treating substance use disorders. *JAMA Psychiatry, 79*(8), 749–751.

48. Yahne, C. E., & Miller, W. R. (1999). Evoking hope. In W. R. Miller (Ed.), *Integrating Spirituality into Treatment: Resources for Practitioners* (pp. 217–233). American Psychological Association.

49. Miller, W. R., & Rollnick, S. (2023). *Motivational interviewing: Helping people change and grow* (4th ed.). Guilford Press.

50. Miller, W. R., & Moyers, T. B. (2021). *Effective psychotherapists: Clinical skills that improve client outcomes*. Guilford Press.

    Orlinsky, D. E., Grawe, K., & Parks, B. K. (1994). Process and outcome in psychotherapy: Noch einmal. In A. E. Bergin & S. L. Garfield (Eds.), *Handbook of psychotherapy and behavior change* (pp. 270–376). Wiley.

51. Snyder, C. R. (1994). *The psychology of hope*. Free Press.

52. Langer, E. J. (1989). *Mindfulness*. Addison-Wesley.

53. LaMotte, D. (2014). *Worldchanging 101: Challenging the myth of powerlessness*. Dryad.

    Macy, J., & Johnstone, C. (2022). *Active hope: How to face the mess we're in with unexpected resilience & creative power* (rev. ed.). New World Library.

CAPÍTULO 3. Probabilidade

1. Jonathan Capehart em *PBS NewsHour*, 3 de junho, 2023.

2. Os termos clássicos para esses estilos de enfrentamento são repressão (evitar e esquecer) vs. sensibilização (aproximar-se e explorar). Byrne, D. (1964). Repression-sensitization as a dimension of personality. *Progress in Experimental Personality Research*, 72, 169–220.

    Hock, M., & Kohlmann, C. W. (2020). Repression-sensitization. Em *Encyclopedia of personality and individual differences* (pp. 4428–4432). Springer International.

3. Aqui, tenho em mente a raposa do Capítulo 21 do clássico *O Pequeno Príncipe*, de Saint-Exupéry.

4. Bargh, J. A., & Chartrand, T. L. (1999). The unbearable automaticity of being. *American Psychologist*, 54, 462–479.

5. Monahan, J. (1984). The prediction of violent behavior. *American Journal of Psychiatry*, 141(1), 10–15.

    Edens, J. F., Buffington-Vollum, J. K., Keilen, A., Roskamp, P., & Anthony, C. (2005). Predictions of future dangerousness in capital murder trials: Is it time to "disinvent the wheel?" *Law and Human Behavior*, 29(1), 55–86.

6. Morris, N., & Miller, M. (1985). Predictions of dangerousness. *Crime and Justice, 6*, 1–50.
7. C'de Baca, J., Miller, W. R., & Laham, S. (2001). A multiple risk factor approach for predicting DWI recidivism. *Journal of Substance Abuse Treatment, 21*, 207–215.
8. Wiggins, J. S. (1973). *Personality and prediction: Principles of personality assessment*. Addison-Wesley.
9. Goldberg, L. R. (1970). Man versus model of man: A rationale plus evidence for a method of improving clinical inferences. *Psychological Bulletin, 73*, 422–432.
10. Morris, N., & Miller, M. (1985). Predictions of dangerousness. *Crime and Justice, 6*, 1–50.
11. Price, D. D., Riley, J., & Barrell, J. J. (2001). Are lived choices based on emotional processes? *Cognition and Emotion, 15*(3), 365–379.
12. Grant, A. (2021). *Think again: The power of knowing what you don't know*. Viking Press.
    Kahneman, D. (2011). *Thinking, fast and slow*. Farrar, Straus and Giroux.
    Tversky, A., & Kahneman, D. (1974). Judgment under uncertainty: Heuristics and biases. *Science, 185*(4157), 1124–1131.
13. Gladwell, M. (2007). *Blink: The power of thinking without thinking*. Little, Brown & Company.
14. Forgas, J. P., & Laham, S. M. (2017). Halo effects. In R. F. Pohl (Ed.), *Cognitive illusions: Intriguing phenomena in thinking, judgment and memory* (2nd ed., pp. 276–290). Routledge.
15. Mayer, J. D., Gaschke, Y. N., Braverman, D. L., & Evans, T. W. (1992). Mood-congruent judgment is a general effect. *Journal of Personality and Social Psychology, 63*(1), 119–132.
    Tversky, A., & Kahneman, D. (1973). Availability: A heuristic for judging frequency and probability. *Cognitive Psychology, 5*(2), 207–232.
16. Massey, C., Simmons, J. P., & Armor, D. A. (2011). Hope over experience: Desirability and the persistence of optimism. *Psychological Science, 22*(2), 274–281.
17. Blanchette, I., & Richards, A. (2010). The influence of affect on higher level cognition: A review of research on interpretation, judgement, decision making and reasoning. *Cognition and Emotion, 24*(4), 561–595.

18. Amrhein, P. C. (1992). The comprehension of quasi-performance verbs in verbal commitments: New evidence for componential theories of lexical meaning. *Journal of Memory and Language, 31*, 756-784.

19. Davidson, L., & McGlashan, T. H. (1997). The varied outcomes of schizophrenia. *Canadian Journal of Psychiatry, 42*(1), 34-43.

    Miller, W. R., Walters, S. T., & Bennett, M. E. (2001). How effective is alcoholism treatment in the United States? *Journal of Studies on Alcohol, 62*, 211-220.

20. Kirkpatrick, H., Landeen, J., Woodside, H., & Byrne, C. (2001). How people with schizophrenia build their hope. *Journal of Psychosocial Nursing and Mental Health Services, 39*(1), 46-55.

    Leake, G. J., & King, A. S. (1977). Effect of counselor expectations on alcoholic recovery. *Alcohol Health & Research World, 1*(3), 16-22.

21. Miller, W. R. (2015). Retire the concept of "relapse." *Substance Use & Misuse, 50*(8-9), 976-977.

22. Miller, W. R., Walters, S. T., & Bennett, M. E. (2001). How effective is alcoholism treatment in the United States? *Journal of Studies on Alcohol, 62*, 211-220.

23. Para auxiliar profissionais de tratamento, publiquei revisões sucessivas sobre o vasto conjunto de ensaios clínicos relativos ao tratamento de dependências. Por exemplo: Miller, W. R., & Wilbourne, P. L. (2002). Mesa Grande: A methodological analysis of clinical trials of treatment for alcohol use disorders. *Addiction, 97*(3), 265-277.

    Miller, W. R., Forcehimes, A. A., & Zweben, A. (2019). *Treating addiction: A guide for professionals* (2nd ed.). Guilford Press.

24. Esta é uma excelente pergunta feita uma vez pelo autor Mitch Albom.

25. Petersen, A., Tanner, C., & Munsie, M. (2015). Between hope and evidence: How community advisors demarcate the boundary between legitimate and illegitimate stem cell treatments. *Health (London), 19*(2), 188-206.

26. Kübler-Ross, E., & Kessler, D. (2014). *On grief and grieving: Finding the meaning of grief through the five stages of loss*. Scribner.

    Kübler-Ross, E. (2014). *On death and dying: What the dying have to teach doctors, nurses, clergy and their own families* (50th anniversary edition). Scribner.

27. Chen, H., Komaromy, C., & Valentine, C. (2015). From hope to hope: The experience of older Chinese people with advanced cancer. *Health (London), 19*(2), 154–171.

28. Tillich, P. (1965). The right to hope. *University of Chicago Magazine, 58*(2), 16–21.

29. Gravlee, G. S. (2020). Hope in ancient Greek philosophy. In S. C. van den Heuvel (Ed.), *Historical and multidisciplinary perspectives on hope* (pp. 3–23). Springer Open.

30. Ashcraft, T. O., & McGearhart, S. (2003). *Red sky in mourning: A true story of love, loss, and survival at sea.* Hachette Books.

31. Franklin, J. (2015). *438 days: An extraordinary true story of survival at sea.* Atria Books.

32. Rotter, J. B. (1966). Generalized expectancies for internal versus external control of reinforcement. *Psychological Monographs: General and Applied, 80*(1, Whole No. 609), 1–28.

33. Antwi-Boasiako, B. A. (2017). It's beyond my control: The effect of locus of control orientation on disaster insurance adoption. *International Journal of Disaster Risk Reduction, 22*, 297–303.
Baumann, D. D., & Sims, J. H. (1978). Flood insurance: Some determinants of adoption. *Economic Geography, 54*(3), 189–196.

34. Giuliani, M., Ichino, A., Bonomi, A., Martoni, R., Cammino, S., & Gorini, A. (2021). Who is willing to get vaccinated? A study into the psychological, socio-demographic, and cultural determinants of COVID-19 vaccination intentions. *Vaccines, 9*(8), 810–831.

35. Sims, J. H., & Baumann, D. D. (1972). The tornado threat: Coping styles of the North and South. *Science, 176*(4042), 1386–1392.

36. McCarty, J. A., & Shrum, L. J. (2001). The influence of individualism, collectivism, and locus of control on environmental beliefs and behavior. *Journal of Public Policy and Marketing, 20*(1), 93–104.

37. McNairn, H. E., & Mitchell, B. (1992). Locus of control and farmer orientation: Effects on conservation adoption. *Journal of Agricultural and Environmental Ethics, 5*(1), 87–101.

38. Kalamas, M., Cleveland, M., & Laroche, M. (2014). Pro-environmental behaviors for thee but not for me: Green giants, green gods, and external environmental locus of control. *Journal of Business Research, 67*(2), 12–22.

Mostafa, M. M. (2016). Post-materialism, religiosity, political orientation, locus of control and concern for global warming: A multilevel analysis across 40 nations. *Social Indicators Research, 128*(3), 1273–1298.

39. Reimann, M., Nenkov, G. Y., MacInnis, D., & Morrin, M. (2014). The role of hope in financial risk seeking. *Journal of Experimental Psychology: Applied, 20*(4), 349–364.

40. Brooks, M. J., Marshal, M. P., McCauley, H. L., Douaihy, A., & Miller, E. (2016). The relationship between hope and adolescent likelihood to endorse substance use behaviors in a sample of marginalized youth. *Substance Use and Misuse, 51*(13), 1815–1819.

41. Rand, K. L., & Cheavens, J. S. (2009). Hope theory. In S. J. Lopez & C. R. Snyder (Eds.), *Oxford handbook of positive psychology* (2nd ed., pp. 323–334). Oxford University Press.

42. Jones, R. A. (1981). *Self-fulfilling prophecies: Social, psychological, and physiological effects of expectancies*. Psychology Press.

43. Curry, L. A., Snyder, C. R., Cook, D. L., Ruby, B. C., & Rehm, M. (1997). Role of hope in academic and sport achievement. *Journal of Personality and Social Psychology, 73*(6), 1257–1267.

Snyder, C. R. (1994). *The psychology of hope*. Free Press.

44. Miller, W. R. (2017). *Lovingkindness: Realizing and practicing your true self*. Cascade Books.

45. Moltmann, J. (1993). *Theology of hope*. Fortress Press.

CAPÍTULO 4. Possibilidade

1. Fonte: *https://en.wikipedia.org/wiki/Anne_Sullivan*; acessado em 30/07/22.
2. Moltmann, J. (1993). *Theology of hope*. Fortress Press.
3. Esta citação não é do romance original de Cervantes, e sim uma fala de Dom Quixote na peça musical *O Homem de La Mancha*.

4. www.census.gov/library/stories/2023/01/volunteering-and-civic-life-in-america.html#:~:text=Related%20Statistics&text=The%202021%20Volunteering%20in%20America,was%20estimated%20at%20%24122.9B.&text=The%20U.S.%20Census%20Bureau%20and%20AmeriCorps%20announced%20the%20release%20of,(-CEV)%20Supplement%20Microdata%20File.

5. Kim, E. S., Whillans, A. V., Lee, M. T., Chen, Y., & VanderWeele, T. J. (2020). Volunteering and subsequent health and well-being in older adults: An outcome-wide longitudinal approach. *American Journal of Preventive Medicine, 59*(2), 176–186.

6. Rohr, R. (2023, 11 de outubro). *True realism*. Meditação diária do Center for Action and Contemplation, Albuquerque, Novo México.

7. Murray, S. L., Holmes, J. G., & Griffin, D. W. (1996). The self-fulfilling nature of positive illusions in romantic relationships: Love is not blind, but prescient. *Journal of Personality and Social Psychology, 71*(6), 1155–1180.

8. Ainda me lembro do refrão, 60 anos depois: *Tinniat, tinniat tintinnabulum. Labimur in glacie post mulum curtum.*

9. *Morgen, morgen, lacht uns wieder das Glück.*

10. Thurman, H. (1976). *Jesus and the disinherited*. Beacon Press.

11. John 8:2-11. Tradução de J. B. Phillips.

12. Citado com permissão de Miller, W. R., Forcehimes, A. A., & Zweben, A. (2019). *Treating addiction: A guide for professionals* (2ª ed.). Guilford Press.

13. Nosso grupo de pesquisa notou isso em um amplo estudo sobre o tratamento de problemas com álcool, no qual as pessoas que receberam medicação placebo apresentaram maiores reduções no consumo de álcool, em comparação com aquelas que não receberam pílulas.
Anton, R. F., O'Malley, S. S., Ciraulo, D. A., Cisler, R. A., Couper, D., Donovan, D. M., . . . Zweben, A. (2006). Combined pharmacotherapies and behavioral interventions for alcohol dependence: The COMBINE study, a randomized controlled trial. *Journal of the American Medical Association, 295*(17), 2003–2017.
Weiss, R. D., LoCastro, J., Swift, R., Zweben, A., Miller, W. R., Longabaugh, R., & Hosking, J. D. (2005). The use of a "psychotherapy with no pills" treatment con-

dition as part of a combined pharmacotherapy-psychotherapy research study of alcohol dependence. *Journal of Studies on Alcohol, Suppl. No. 15*, 43–49.

14. Price, D. D., Finniss, D. G., & Benedetti, F. (2008). A comprehensive review of the placebo effect: Recent advances and current thought. *Annual Review of Psychology, 59*(1), 565–590.

    Colagiuri, B., Schenk, L. A., Kessler, M. D., Dorsey, S. G., & Colloca, L. (2015). The placebo effect: From concepts to genes. *Neuroscience, 307*, 171–190.

15. Vase, L., Riley, J. L., & Price, D. D. (2002). A comparison of placebo effects in clinical analgesic trials versus studies of placebo analgesia. *Pain, 99*(3), 443–452.

16. Marlatt, G. A., Demming, B., & Reid, J. B. (1973). Loss of control drinking in alcoholics: An experimental analogue. *Journal of Abnormal Psychology, 81*, 223–241.

17. Hull, J. G., & Bond, C. F. J. (1986). Social and behavioral consequences of alcohol consumption and expectancy: A meta-analysis. *Psychological Bulletin, 99*(3), 347–360.

18. Kaptchuk, T. J. (2018). Open-label placebo: Reflections on a research agenda. *Perspectives in Biology and Medicine, 61*(3), 311–334.

19. Kaptchuk, T. J. (2018). Open-label placebo: Reflections on a research agenda. *Perspectives in Biology and Medicine, 61*(3), 313, 321–322 (itálicos acrescentados).

20. Franklin, B. (1785). *Report of Dr. Benjamin Franklin, and other commissioners, charged by the King of France, with the examination of the animal magnetism, as now practised at Paris*. J. Johnson.

21. Franklin, B. (1785). *Report of Dr. Benjamin Franklin, and other commissioners, charged by the King of France, with the examination of the animal magnetism, as now practised at Paris*. J. Johnson. Citações das páginas 100 e 102.

22. Schmidt, M. M., & Miller, W. R. (1983). Amount of therapist contact and outcome in a multidimensional depression treatment program. *Acta Psychiatrica Scandinavica, 67*(5), 319–332.

23. Miller, W. R., & Moyers, T. B. (2021). *Effective psychotherapists: Clinical skills that improve client outcomes*. Guilford Press.

24. Franklin, B. (1785). *Report of Dr. Benjamin Franklin, and other commissioners, charged by the King of France, with the examination of the animal magnetism, as now practised at Paris.* J. Johnson. Citação da página xii.
25. Thurman, H. (1976). *Jesus and the disinherited* (p. 36). Beacon Press.
26. Brown, P., de Graaf, S., & Hillen, M. (2015). The inherent tensions and ambiguities of hope: Towards a post-formal analysis of experiences of advanced-cancer patients. *Health (London), 19*(2), 207–225.

    Folkman, S. (2010). Stress, coping, and hope. *Psycho-Oncology, 19*(9), 901–908.
27. Myers, I. B., & Myers, P. B. (2010). *Gifts differing: Understanding personality type* (rev. ed.). Davies-Black.

    Myers, I. B., McCaulley, M. H., Quenk, N. L., & Hammer, A. L. (1998). *MBTI manual: A guide to the development and use of the Myers-Briggs Type Indicator* (3rd ed.). Consulting Psychologists Press.
28. Kiersey, D. (2006). *Please understand me II: Temperament, character, intelligence.* Prometheus Nemesis Book Company.
29. Zehr, H. (2014). *The little book of restorative justice* (rev. ed.). Good Books.
30. Bandura, A. (1997). *Self-efficacy: The exercise of control.* Freeman.
31. Cohen-Chen, S., Halperin, E., Crisp, R. J., & Gross, J. J. (2014). Hope in the Middle East: Malleability beliefs, hope, and the willingness to compromise for peace. *Social Psychological and Personality Science, 5*(1), 67–75.
32. Na verdade, a rota de fuga oferecida variava entre os experimentos, mas um botão de pressão é um exemplo ilustrativo.
33. Gatchel, R. J. (1980). Perceived control: A review and evaluation of therapeutic implications. In A. Baum & J. E. Singer (Eds.), *Advances in environmental psychology* (Vol. 2: Applications of personal control, pp. 1–24). Erlbaum.

    Glass, D. C., Singer, J. E., Leonard, H. S., Krantz, D., Cohen, S., & Cummings, H. (1973). Perceived control of aversive stimulation and the reduction of stress responses. *Journal of Personality, 41*(4), 577–595.
34. Talley, J. E. (1992). *The predictors of successful very brief psychotherapy: A study of differences by gender, age, and treatment variables.* Charles C Thomas.

35. Miller, W. R., Benefield, R. G., & Tonigan, J. S. (1993). Enhancing motivation for change in problem drinking: A controlled comparison of two therapist styles. *Journal of Consulting and Clinical Psychology, 61*, 455–461.
36. Harris, K. B., & Miller, W. R. (1990). Behavioral self-control training for problem drinkers: Components of efficacy. *Psychology of Addictive Behaviors, 4*, 82–90.
37. Miller, W. R., & Muñoz, R. F. (2013). *Controlling your drinking* (2nd ed.). Guilford Press.
38. Miller, W. R. (2015). No more waiting lists! *Substance Use and Misuse, 50*(8–9), 1169–1170.
39. Snyder, C. R. (2002). Hope theory; Rainbows in the mind. *Psychological Inquiry 13*(4), 249–275.
40. Snyder, C. R., Irving, L. M., & Anderson, J. R. (1991). Hope and health. In C. R. Snyder & D. R. Forsyth (Eds.), *Handbook of social and clinical psychology: The health perspective* (pp. 285–305). Pergamon Press.

    Snyder, C. R., Lapointe, A. B., Crowson, J. J., Jr., & Early, S. (1998). Preferences of high- and low-hope people for self-referential input. *Cognition and Emotion, 12*, 807–823.

    Griggs, S., & Walker, R. K. (2016). The role of hope for adolescents with a chronic illness: An integrative review. *Journal of Pediatric Nursing, 31*(4), 404–421.
41. Folkman, S. (2010). Stress, coping, and hope. *Psycho-Oncology, 19*(9), 901–908.

    Petersen, A., & Wilkinson, I. (2015). Editorial introduction: The sociology of hope in contexts of health, medicine, and healthcare. *Health (London), 19*(2), 113–118.
42. Agradeço a Richard Rohr por este *insight*: de que as pessoas veem as coisas não apenas como elas são, mas também como *elas* são.

CAPÍTULO 5. Otimismo: expectativas elevadas

1. Starr, M. (2013). *The showings of Julian of Norwich: A new translation*. Hampton Roads.

    O verdadeiro nome da santa é desconhecido. Ela é chamada de Julian ou Juliana de Norwich devido à Igreja de St. Julian em Norwich, Inglaterra, à qual sua cela de reclusa estava conectada, onde viveu por quatro décadas.

2. Reichard, R. J., Avey, J. B., Lopez, S., & Dollwet, M. (2013). Having the will and finding the way: A review and meta-analysis of hope at work. *Journal of Positive Psychology, 8*(4), 292–304.
3. Luthans, F., Avey, J. B., Avolio, B. J., & Peterson, S. J. (2010). The development and resulting performance impact of positive psychological capital. *Human Resource Development Quarterly, 21*(1), 41–67.
4. Scheier, M. F., Carver, C. S., & Bridges, M. W. (1994). Distinguishing optimism from neuroticism (and trait anxiety, self-mastery, and self-esteem): A reevaluation of the Life Orientation Test. *Journal of Personality and Social Psychology, 67*(6), 1063–1074.
5. Armor, D. A., & Taylor, S. E. (1998). Situated optimism: Specific outcome expectancies and self-regulation. In M. P. Zanna (Ed.), *Advances in experimental social psychology* (Vol. 30, pp. 309–379). Academic Press.
6. Bailey, T. C., Eng, W., Frisch, M. B., & Snyder, C. R. (2007). Hope and optimism as related to life satisfaction. *Journal of Positive Psychology, 2*(3), 168–175.
Bandura, A. (1997). *Self-efficacy: The exercise of control.* Freeman. Bandura, A. (2008). An agentic perspective on positive psychology. In S. J. Lopez (Ed.), *Positive psychology: Exploring the best in people* (Vol. 1, pp. 167–196). Greenwood.
Luthans, F., & Jensen, S. M. (2002). Hope: A new positive strength for human resource development. *Human Resource Development Review, 1*(3), 304–322.
Luthans, F., Vogelgesang, G. R., & Lester, P. B. (2006). Developing the psychological capital of resiliency. *Human Resource Development Review, 5*, 25–44.
7. Masten, A. S., & Reed, M.-G. J. (2002). Resilience in development. In C. R. Snyder & S. J. Lopez (Eds.), *Handbook of positive psychology* (pp. 74–88). Oxford University Press.
8. Peterson, C., & Seligman, M. E. P. (2004). Hope. Em *Character strengths and virtues: A handbook and classification.* Oxford University Press. Citação da p. 572.
9. Fonte: *https://ufw.org/history-si-se-puede*, acessado em 29 de março de 2023.
10. Luthans, F., Avey, J. B., Avolio, B. J., & Peterson, S. J. (2010). The development and resulting performance impact of positive psychological capital. *Human Resource Development Quarterly, 21*(1), 41–67.

11. De um conto de 1948, "Narapoia", de Alan Nelson. Kopp, S. B. (1978). Narapoia. *Journal of Contemporary Psychotherapy, 10,* 46–47.

12. Peterson, C., & Seligman, M. E. P. (2004). *Character strengths and virtues: A handbook and classification.* Oxford University Press. Citação da p. 572.

13. Pleeging, E., Burger, M., & van Exel, J. (2021). The relations between hope and subjective well-being: A literature overview and empirical analysis. *Applied Research in Quality of Life, 16,* 1019–1041.

14. Brissette, I., Scheier, M. F., & Carver, C. S. (2002). The role of optimism in social network development, coping, and psychological adjustment during a life transition. *Journal of Personality and Social Psychology, 82*(1), 102–111.

    Falavarjani, M. F., & Yeh, C. J. (2019). Optimism and distress tolerance in the social adjustment of nurses: Examining resilience as a mediator and gender as a moderator. *Journal of Research in Nursing, 24*(7), 500–512.

    Tetzner, J., & Becker, M. (2015). How being an optimist makes a difference: The protective role of optimism in adolescents' adjustment to parental separation. *Social Psychological and Personality Science, 6*(3), 325–333.

15. Kwon, P. (2002). Hope, defense mechanisms, and adjustment: Implications for false hope and defensive hopelessness. *Journal of Personality, 70*(2), 207–231.

16. Rasmussen, H. N., Scheier, M. F., & Greenhouse, J. B. (2009). Optimism and physical health: A meta-analytic review. *Annals of Behavioral Medicine, 37*(3), 239–256.

17. Southerland, J. L., Slawson, D. L., Pack, R., Sörensen, S., Lyness, J. M., & Hirsch, J. K. (2016). Trait hope and preparation for future care needs among older adult primary care patients. *Clinical Gerontologist, 39*(2), 117–126.

18. Scheier, M. F., Carver, C. S., & Bridges, M. W. (1994). Distinguishing optimism from neuroticism (and trait anxiety, self-mastery, and self-esteem): A reevaluation of the Life Orientation Test. *Journal of Personality and Social Psychology, 67*(6), 1063–1074.

19. Giltay, E. J., Geleijnse, J. M., Zitman, F. G., Hoekstra, T., & Schouten, E. G. (2004). Dispositional optimism and all-cause and cardiovascular mortality in a prospective cohort of elderly Dutch men and women. *Archives of General Psychiatry, 61*(11), 1126–1135.

20. Schiavon, C. C., Marchetti, E., Gurgel, L. G., Busnello, F. M., & Reppold, C. T. (2017). Optimism and hope in chronic disease: A systematic review. *Frontiers in Psychology, 7*.

21. Kwon, P. (2002). Hope, defense mechanisms, and adjustment: Implications for false hope and defensive hopelessness. *Journal of Personality, 70*(2), 207-231.

22. Pleeging, E., Burger, M., & van Exel, J. (2021). The relations between hope and subjective well-being: A literature overview and empirical analysis. *Applied Research in Quality of Life, 16*, 1019-1041.

23. Reichard, R. J., Avey, J. B., Lopez, S., & Dollwet, M. (2013). Having the will and finding the way: A review and meta-analysis of hope at work. *Journal of Positive Psychology, 8*(4), 292-304.

24. Peterson, C., & Seligman, M. E. P. (2004). Hope. Em *Character strengths and virtues: A handbook and classification* (pp. 569-582). Oxford University Press.

25. Stinson, D. A., Cameron, J. J., Wood, J. V., Gaucher, D., & Holmes, J. G. (2009). Deconstructing the "reign of error": Interpersonal warmth explains the self-fulfilling prophecy of anticipated acceptance. *Personality and Social Psychology Bulletin, 35*(9), 1165-1178.

26. Dimino, K., Horan, K. M., & Stephenson, C. (2020). Leading our frontline HEROES through times of crisis with a sense of hope, efficacy, resilience, and optimism. *Nurse Leader, 18*(6), 592-596.
    Smith, P. A., & Hoy, W. K. (2007). Academic optimism and student achievement in urban elementary schools. *Journal of Educational Administration, 45*(5), 556-568.

27. Johnson, D. D. P., & Fowler, J. H. (2011). The evolution of overconfidence. *Nature, 477*, 317-320.

28. Klein, C. T. F., & Helweg-Larsen, M. (2002). Perceived control and the optimistic bias: A meta-analytic review. *Psychology & Health, 17*(4), 437-446.
    Pietruska, K., & Armony, J. L. (2013). Differential effects of trait anger on optimism and risk behaviour. *Cognition and Emotion, 27*(2), 318-325.

29. Chambers, J. R., & Windschitl, P. D. (2004). Biases in social comparative judgments: The role of nonmotivated factors in above-average and comparative-optimism effects. *Psychological Bulletin, 130*(5), 813-838.

30. Lillian, com otimismo, desejava contar sua história na esperança de encorajar outras pessoas. Assim, escrevemos juntos um relato pai e filha alternando capítulos sobre a experiência de adotar e ser adotada já na adolescência.
Miller, W. R., & Homer, L. K. (2016). *Portals: Two lives intertwined by adoption.* Wipf & Stock.

31. Pleeging, E., Burger, M., & van Exel, J. (2021). The relations between hope and subjective well-being: A literature overview and empirical analysis. *Applied Research in Quality of Life, 16*, 1019–1041.
Munro, G. D., & Stansbury, J. A. (2009). The dark side of self-affirmation: Confirmation bias and illusory correlation in response to threatening information. *Personality and Social Psychology Bulletin, 35*(9), 1143–1153.

32. Petersen, L. R., Clark, M. M., Novotny, P., Kung, S., Sloan, J. A., Patten, C. A., ... Colligan, R. C. (2008). Relationship of optimism–pessimism and health-related quality of life in breast cancer survivors. *Journal of Psychosocial Oncology, 26*(4), 15–32.
Plomin, R., Scheier, M. F., Bergeman, C. S., Pedersen, N. L., Nesselroade, J. R., & McClearn, G. E. (1992). Optimism, pessimism and mental health: A twin/adoption analysis. *Personality and Individual Differences, 13*(8), 921–930.

33. Peterson, C., Seligman, M. E., & Vaillant, G. E. (1988). Pessimistic explanatory style is a risk factor for physical illness: A thirty-five-year longitudinal study. *Journal of Personality and Social Psychology, 55*(1), 23–27.

34. Bem, S. L. (1974). The measurement of psychological androgyny. *Journal of Consulting and Clinical Psychology, 42*(2), 155–162.

35. Scheier, M. F., Swanson, J. D., Barlow, M. A., Greenhouse, J. B., Wrosch, C., & Tindle, H. A. (2021). Optimism versus pessimism as predictors of physical health: A comprehensive reanalysis of dispositional optimism research. *American Psychologist, 76*(3), 529–548.

36. Stinson, D. A., Cameron, J. J., Wood, J. V., Gaucher, D., & Holmes, J. G. (2009). Deconstructing the "reign of error": Interpersonal warmth explains the self-fulfilling prophecy of anticipated acceptance. *Personality and Social Psychology Bulletin, 35*(9), 1165–1178.

37. Peterson, C., Maier, S. F., & Seligman, M. E. P. (1995). *Learned helplessness: A theory for the age of personal control.* Oxford University Press.

38. Miller, W. R., & Seligman, M. E. P. (1975). Depression and learned helplessness in man. *Journal of Abnormal Psychology, 84*(3), 228–238.

39. Hirito, D. S. (1974). Locus of control and learned helplessness. *Journal of Experimental Psychology, 102*(2), 187–193.

40. Maier, S. F., & Seligman, M. E. (2016). Learned helplessness at fifty: Insights from neuroscience. *Psychological Review, 123*(4), 349–367.

    Dimidjian, S., Barrera, M., Jr., Martell, C., Muñoz, R. F., & Lewinsohn, P. M. (2011). The origins and current status of behavioral activation treatments for depression. *Annual Review of Clinical Psychology, 7,* 1–38.

    Lewinsohn, P. M., Muñoz, R. F., Youngren, M. A., & Zeiss, A. M. (1992). *Control your depression* (rev. ed.). Fireside.

    Muñoz, R. F., Le, H.-N., Clarke, G. N., Barrera, A. Z., & Torres, L. D. (2009). Preventing first onset and recurrence of major depressive episodes. In I. H. Gotlib & C. L. Hammen (Eds.), *Handbook of depression* (2nd ed., pp. 533–553). Guilford Press.

41. Zimmerman, M. A. (1990). Toward a theory of learned hopefulness: A structural model analysis of participation and empowerment. *Journal of Research in Personality, 24,* 71–86.

    Seligman, M. E. P. (2006). *Learned optimism: How to change your mind and your life.* Vintage Books.

    Tomasulo, D. (2020). *Learned hopefulness: The power of positivity to overcome depression.* New Harbinger.

42. Hammond, V. L., Watson, P. J., O'Leary, B. J., & Cothran, D. L. (2009). Preliminary assessment of Apache hopefulness: Relationships with hopelessness and with collective as well as personal self-esteem. *American Indian and Alaska Native Mental Health Research, 16*(3), 42–51.

43. Elliott, A. J., & Church, M. A. (2003). A motivational analysis of defensive pessimism and self-handicapping. *Journal of Personality, 71*(3), 369–396.

    Norem, J. K., & Cantor, N. (1986). Defensive pessimism: Harnessing anxiety as motivation. *Journal of Personality and Social Psychology, 51*(6), 1208–1217.

44. Preskitt, D. (2017). Elie Wiesel notes the opposite of love is indifference. *BORGEN Magazine* (October 16).

45. Berscheid, E. (1966). Opinion change and communicator-communicatee similarity and dissimilarity. *Journal of Personality and Social Psychology, 4*(6), 670–680.

    Mills, J., & Kimble, C. E. (1973). Opinion change as a function of perceived similarity of the communicator and subjectivity of the issue. *Bulletin of the Psychonomic Society, 2*(1), 35–36.

    Simons, H. W., Berkowitz, N. N., & Moyer, R. J. (1970). Similarity, credibility, and attitude change: A review and a theory. *Psychological Bulletin, 73*(1), 1–16.

46. Sherif, M. (1953). The concept of reference groups in human relations. Em M. Sherif & M. O. Wilson (Eds.), *Group relations at the crossroads*. Harper.

47. Stafford, J. E., & Cocanougher, A. B. (1977). Reference group theory. Em *Selected aspects of consumer behavior: A summary from the perspective of different disciplines* (pp. 361–379). National Science Foundation, Directorate for Research Applications, Research Applied to National Needs.

48. Documentamos dezenas de mudanças positivas súbitas em:

    Miller, W. R., & C'de Baca, J. (2001). *Quantum change: When epiphanies and sudden insights transform ordinary lives*. Guilford Press.

    Em um acompanhamento realizado dez anos depois, essas transformações não apenas persistiram, mas se intensificaram:

    C'de Baca, J., & Wilbourne, P. (2004). Quantum change: Ten years later. *Journal of Clinical Psychology, 60*(5), 531–541.

    Transformações súbitas negativas são descritas em:

    Nowinski, J. (2004). Evil by default: The origins of dark visions. *Journal of Clinical Psychology, 60*, 519–530.

49. Relatos em primeira pessoa dessas visões, ou *showings*, e seus efeitos posteriores estão registrados em seu diário:

    Starr, M. (2013). *The showings of Julian of Norwich: A new translation*. Hampton Roads.

50. Kress, L., & Aue, T. (2017). The link between optimism bias and attention bias: A neurocognitive perspective. *Neuroscience and Biobehavioral Reviews, 80*, 688–702.

51. McNaughton-Cassill, M. E. (2001). The news media and psychological distress. *Anxiety, Stress and Coping, 14*(2), 193–211.

52. de Wit, L., van Straten, A., Lamers, F., Cuijpers, P., & Penninx, B. (2011). Are sedentary television watching and computer use behaviors associated with anxiety and depressive disorders? *Psychiatry Research, 186*(2–3), 239–243.

53. Bu, F., Steptoe, A., Mak, H. W., & Fancourt, D. (2021). Time use and mental health in UK adults during an 11-week COVID-19 lockdown: A panel analysis. *British Journal of Psychiatry, 219*(4), 551–556.

    Al Omari, O., Al Sabei, S., Al Rawajfah, O., Abu Sharour, L., Aljohani, K., Alomari, K., . . . Al Zubidi, B. (2020). Prevalence and predictors of depression, anxiety, and stress among youth at the time of COVID-19: An online cross-sectional multicountry study. *Depression Research and Treatment, 2020*.

54. Kelberer, L. J. A., Kraines, M. A., & Wells, T. T. (2018). Optimism, hope, and attention for emotional stimuli. *Personality and Individual Differences, 124*, 84–90.

55. Aspinwall, L. G., & Brunhart, S. M. (1996). Distinguishing optimism from denial: Optimistic beliefs predict attention to health threats. *Personality and Social Psychology Bulletin, 22*(10), 993–1003.

    Radcliffe, N. M., & Klein, W. M. P. (2002). Dispositional, unrealistic, and comparative optimism: Differential relations with the knowledge and processing of risk information and beliefs about personal risk. *Personality and Social Psychology Bulletin, 28*(6), 836–846.

56. Schuckit, M. A. (1985). Ethanol-induced changes in body sway in men at high alcoholism risk. *Archives of General Psychiatry, 42*(4), 375–379.

57. Eng, M. Y., Schuckit, M. A., & Smith, T. L. (2005). The level of response to alcohol in daughters of alcoholics and controls. *Drug and Alcohol Dependence, 79*(1), 83–93.

    Schuckit, M. A., Tsuang, J. W., Anthenelli, R. M., Tipp, J. E., & Nurnberger Jr, J. (1996). Alcohol challenges in young men from alcoholic pedigrees and control families: A report from the COGA project. *Journal of Studies on Alcohol, 57*(4), 368–377.

58. *www.optimist.org/member/creed.cfm*.

59. Rafiq, F., Chishty, S. K., & Adil, M. (2022). Explanatory or dispositional optimism: Which trait predicts eco-friendly tourist behavior? *Sustainability, 14*(5).

    Yang, S., Markoczy, L., & Qi, M. (2007). Unrealistic optimism in consumer credit card adoption. *Journal of Economic Psychology, 28*(2), 170–185.

60. Anglin, A. H., McKenny, A. F., & Short, J. C. (2018). The impact of collective optimism on new venture creation and growth: A social contagion perspective. *Entrepreneurship Theory and Practice, 42*(3), 390–425.

    Catalano, R. A., Goldman-Mellor, S., Karasek, D. A., Gemmill, A., Casey, J. A., Elser, H., . . . & Hartig, T. (2020). Collective optimism and selection against male twins in utero. *Twin Research and Human Genetics, 23*(1), 45–50.

    Guèvremont, A., Boivin, C., Durif, F., & Graf, R. (2022). Positive behavioral change during the COVID-19 crisis: The role of optimism and collective resilience. *Journal of Consumer Behaviour, 21*(6), 1293–1306.

    Gürol, M., & Krimgil, S. (2010). Academic optimism. *Procedia - Social and Behavioral Sciences, 9*, 929–932.

61. Bennett, O. (2011). Cultures of optimism. *Cultural Sociology, 5*(2), 301–320.

    Watson, C. B., Chemers, M. M., & Preiser, N. (2001). Collective efficacy: A multilevel analysis. *Personality and Social Psychology Bulletin, 27*(8), 1057–1068.

62. Dunbar-Ortiz, R. (2014). *An indigenous people's history of the United States: ReVisioning history.* Beacon Press.

63. Kruger, J. (1999). Lake Wobegon be gone! The "below-average effect" and the egocentric nature of comparative ability judgments. *Journal of Personality and Social Psychology, 77*(2), 221–232.

64. Peterson, C. (2000). The future of optimism. *American Psychologist, 55*(1), 44–55.

CAPÍTULO 6. Confiança

1. Erikson, E. H. (1950). *Childhood and society.* Norton.

2. Castonguay, L. G., & Hill, C. E. (Eds.). (2012). *Transformation in psychotherapy: Corrective experiences across cognitive behavioral, humanistic, and psychodynamic approaches.* American Psychological Association.

3. Miller, W. R., & Rollnick, S. (2023). *Motivational interviewing: Helping people change and grow.* Guilford Press.

    Price, D. D., Finniss, D. G., & Benedetti, F. (2008). A comprehensive review of the placebo effect: Recent advances and current thought. *Annual Review of Psychology, 59*(1), 565–590.

4. Yablonsky, L. (1965). *Synanon: The tunnel back*. Penguin Books.
   Janzen, R. (2001). *The rise and fall of Synanon*. Johns Hopkins University Press.
5. O método do sr. Roberts foi adotado pela Rainha Elizabeth II como prática padrão nos estábulos reais da Inglaterra.
   Roberts, M. (1997). *The man who listens to horses: The story of a real-life horse whisperer*. Random House.
   Roberts, M. (2013). *From my hands to yours: Lessons from a lifetime of training championship horses*. Monty & Pat Roberts.
6. Miller, W. R. (2000). Motivational interviewing: IV. Some parallels with horse whispering. *Behavioural and Cognitive Psychotherapy, 28*, 285–292.
7. O termo habitual é TEPT (transtorno de estresse pós-traumático). O General Peter Chiarelli sugeriu que deveria ser chamado de LEPT. Um transtorno é algo que está errado com você. Uma lesão é algo que aconteceu com você.
8. Monty Roberts descreveu e demonstrou seu método em gravações como *Join-up* e *Shy Boy*. Disponível em: https://montyroberts.com.
9. Zinn, J. O. (2016). "In-between" and other reasonable ways to deal with risk and uncertainty: A review article. **Health, Risk & Society, 18*(7–8), 348–366.
10. Lucas 2:8–20. (1989). *The Holy Bible: New Revised Standard Version*. Oxford University Press.
11. Growiec, K., & Growiec, J. (2014). Trusting only whom you know, knowing only whom you trust: The joint impact of social capital and trust on happiness in CEE countries. *Journal of Happiness Studies, 15*(5), 1015–1040.
    Tov, W., & Diener, E. (2008). The well-being of nations: Linking together trust, cooperation, and democracy. In B. A. Sullivan, M. Snyder, & J. L. Sullivan (Eds.), *Cooperation: The political psychology of effective human interaction* (pp. 323–342). Blackwell.
12. Dekker, P., & Broek, A. (2004). Civil society in longitudinal and comparative perspective: Voluntary associations, political involvement, social trust and happiness in a dozen countries. *Proceedings of the 6th International Conference of the International Society for Third-sector Research*. Ryerson University, Toronto, ON, Canada.
    Jasielska, D. (2020). The moderating role of kindness on the relation between trust and happiness. *Current Psychology, 39*(6), 2065–2073.

13. Neki, J. S. (1976). An examination of the cultural relativism of dependence as a dynamic of social and therapeutic relationships: I. Socio-developmental. *British Journal of Medical Psychology, 49*(1), 1–10.

    Neki, J. (1976). An examination of the cultural relativism of dependence as a dynamic of social and therapeutic relationships: II. Therapeutic. *British Journal of Medical Psychology, 49*(1), 11–22.

14. Peterson, C., & Seligman, M. E. P. (Eds.). (2004). *Character strengths and virtues: A handbook and classification* (pp. 569–582). Oxford University Press.

    Smith, B. W. (2020). *Move from surviving to thriving: The positive psychology workbook for challenging times*. Independently published.

15. Cooperrider, D. L., & Whitney, D. (2005). *Appreciative inquiry: A positive revolution in change*. Berrett-Koehler.

    Bushe, G. R. (1999). Advances in appreciative inquiry as an organization development intervention. *Organization Development Journal, 17*(2), 61–68.

16. Goldberg, S. B., Babins-Wagner, R., Rousmaniere, T., Berzins, S., Hoyt, W. T., Whipple, J. L., . . . Wampold, B. E. (2016). Creating a climate for therapist improvement: A case study of an agency focused on outcomes and deliberate practice. *Psychotherapy, 53*(3), 367–375.

17. Shakespeare, W. *Julius Caesar*, Ato 3, Cena 1.

18. Finley, J. (2023). *The healing path: A memoir and an invitation*. Orbis Books.

19. Mayer, R. C., Davis, J. H., & Schoorman, F. D. (1995). An integrative model of organizational trust. *Academy of Management Review, 20*, 709–734.

20. Fromm, E. (1968). *The revolution of hope: Toward a humanized technology*. Harper & Row. Citação da página 14.

21. Cohen, J. (1994). The earth is round ($p < .05$). *American Psychologist, 49*, 997–1003.

    Cowles, M., & Davis, C. (1982). On the origins of the .05 level of statistical significance. *American Psychologist, 37*, 553–558.

22. Dunn, J. R., & Schweitzer, M. E. (2005). Feeling and believing: The influence of emotion on trust. *Journal of Personality and Social Psychology, 88*(5), 736–748.

23. Kraus, J., Scholz, D., Messner, E.-M., Messner, M., & Baumann, M. (2020). Scared to trust?–Predicting trust in highly automated driving by depressive-

ness, negative self-evaluations, and state anxiety. *Frontiers in Psychology, 10,* 2917.

24. Lee, J. I., Dirks, K. T., & Campagna, R. L. (2023). At the heart of trust: Understanding the integral relationship between emotion and trust. *Group & Organization Management, 48*(2), 546–580.

25. Bar-Tal, D. (2001). Why does fear override hope in societies engulfed by intractable conflict, as it does in the Israeli society? *Political Psychology, 22*(3), 601–627.

26. Mateus 18:21-22. (1989). *The Holy Bible: New Revised Standard Version*. Oxford University Press. A resposta também foi traduzida como "setenta vezes sete", ou "490", o que complica ainda mais nossa capacidade de acompanhar a conta.

27. Chambers, J. R., & Windschitl, P. D. (2004). Biases in social comparative judgments: The role of nonmotivated factors in above-average and comparative-
-optimism effects. *Psychological Bulletin, 130*(5), 813–838.

    Zell, E., Strickhouser, J. E., Sedikides, C., & Alicke, M. D. (2020). The better-
-than-average effect in comparative self-evaluation: A comprehensive review and meta-analysis. *Psychological Bulletin, 146*(2), 118–149.

28. Swenson, J. E., Schneller, G. R., & Henderson, J. A. (2014). The better-than-
-average effect and 1 Corinthians 13: A classroom exercise. *Christian Higher Education, 13*(2), 118–129.

29. Cross, K. P. (1977). Not can, but will college teaching be improved? *New Directions for Higher Education, 17,* 1–15.

30. Talsma, K., Schüz, B., & Norris, K. (2019). Miscalibration of self-efficacy and academic performance: Self-efficacy–self-fulfilling prophecy. *Learning and Individual Differences, 69,* 182–195.

31. Miller, W. R., & Moyers, T. B. (2021). *Effective psychotherapists: Clinical skills that improve client outcomes*. Guilford Press.

    Tracey, T. J., Wampold, B. E., Lichtenberg, J. W., & Goodyear, R. K. (2014). Expertise in psychotherapy: An elusive goal? *American Psychologist, 69*(3), 218–229.

32. Chow, D. L., Miller, S. D., Seidel, J. A., Kane, R. T., Thornton, J. A., & Andrews, W. P. (2015). The role of deliberate practice in the development of highly effective psychotherapists. *Psychotherapy, 52*(3), 337–345.

Rousmaniere, T., Goodyear, R. K., Miller, S. D., & Wampold, B. E. (2017). *The cycle of excellence: Using deliberate practice to improve supervision and training.* Wiley.

33. Miller, W. R., & Rollnick, S. (2023). *Motivational interviewing: Helping people change and grow.* Guilford Press.

34. Miller, W. R., & Mount, K. A. (2001). A small study of training in motivational interviewing: Does one workshop change clinician and client behavior? *Behavioural and Cognitive Psychotherapy, 29,* 457–471.

35. Dunning, D., Johnson, K., Ehrlinger, J., & Kruger, J. (2003). Why people fail to recognize their own incompetence. *Current Directions in Psychological Science, 12*(3), 83–87.

36. Miller, W. R., Yahne, C. E., Moyers, T. B., Martinez, J., & Pirritano, M. (2004). A randomized trial of methods to help clinicians learn motivational interviewing. *Journal of Consulting and Clinical Psychology, 72*(6), 1050–1062.

CAPÍTULO 7. Significado e propósito

1. Disponível em: *www.aruma.com.au/about-us/blog/christopher-reeve-the-life-of--the-man-of-steel*. Acesso em 02/08/23.

2. Park, C. L., & Folkman, S. (1997). Meaning in the context of stress and coping. *Review of General Psychology, 1*(2), 115–144.

3. "Se o ego de um homem foi estabilizado, resultando em um alicerce seguro para seu senso de valor e dignidade pessoal... ele pode pensar em si mesmo com certo grau de desprendimento das amarras de seu mundo imediato... O fato de ser privado de oportunidades não necessariamente o deterá". Citado em Thurman, H. (1976). *Jesus and the disinherited*, p. 43. Beacon Press.

4. Citado de "I've Been to the Mountaintop" por Dr. Martin Luther King Jr. American Federation of State, County and Municipal Employees (AFSCME). Disponível em: *www.afscme.org/about/history/mlk/mountaintop*.

5. Jeremiah, D. (2021). *Hope: Living fearlessly in a scary world.* Tyndale.
Pinsent, A. (2020). Hope as a virtue in the Middle Ages. In S. C. van den Heuvel (Ed.), *Historical and multidisciplinary perspectives on hope* (pp. 47–60). Springer Open.

6. Alcoholics Anonymous World Services. (2001). *Alcoholics Anonymous: The story of how many thousands of men and women have recovered from alcoholism* (4ª ed.). Autor.

    Kurtz, E. (1991). *Not-God: A history of Alcoholics Anonymous* (Expanded ed.). Hazelden.

7. Alaszewski, A., & Wilkinson, I. (2015). The paradox of hope for working age adults recovering from stroke. *Health (London), 19*(2), 172–187.

8. Wayland, S., Maple, M., McKay, K., & Glassock, G. (2016). Holding on to hope: A review of the literature exploring missing persons, hope and ambiguous loss. *Death Studies, 40*(1), 54–60.

9. Frankl, V. E. (1969). *The will to meaning.* World.

    Frankl, V. E. (2006). *Man's search for meaning.* Beacon Press.

    Redsand, A. S. (2006). *Viktor Frankl: A life worth living.* Clarion Books.

10. Kylmä, J., & Juvakka, T. (2007). Hope in parents of adolescents with cancer—Factors endangering and engendering parental hope. *European Journal of Oncology Nursing, 11*(3), 262–271.

11. A visão existencialista clássica sustenta que não há significado inerente na vida, e somos livres para criar o nosso próprio significado. Sartre, J. P. (2007). *Existentialism is a humanism.* Yale University Press.

12. Miller, W. R. (2004). The phenomenon of quantum change. *Journal of Clinical Psychology, 60*(5), 453–460.

    Miller, W. R., & C'de Baca, J. (2001). *Quantum change: When epiphanies and sudden insights transform ordinary lives.* Guilford Press.

13. C'de Baca, J., & Wilbourne, P. (2004). Quantum change: Ten years later. *Journal of Clinical Psychology, 60,* 531–541.

14. Greyson, B. (2021). *After: A doctor explores what near-death experiences reveal about life and beyond.* St. Martin's Essentials.

15. Pargament, K. I., & Exline, J. J. (2022). *Working with spiritual struggles in psychotherapy: From research to practice.* Guilford Press.

16. Wiking, M. (2017). *The little book of hygge: Danish secrets to happy living.* William Morrow.

17. Webb, D. (2007). Modes of hoping. *History of the Human Sciences, 20*(3), 65–83.
18. Estas são as palavras conclusivas de Pierre Teilhard de Chardin em *How I believe* (1969). William Collins & Sons.
19. Rohr, R. (2001). *Hope against darkness: The transforming vision of Saint Francis in an age of anxiety*. St. Anthony Messenger Press.
20. Cohen, R., Bavishi, C., & Rozanski, A. (2016). Purpose in life and its relationship to all-cause mortality and cardiovascular events: A meta-analysis. *Psychosomatic Medicine, 78*(2), 122–133.

    Hill, P. L., & Turiano, N. A. (2014). Purpose in life as a predictor of mortality across adulthood. *Psychological Science, 25*(7), 1482–1486.

    McKnight, P. E., & Kashdan, T. B. (2009). Purpose in life as a system that creates and sustains health and well-being: An integrative, testable theory. *Review of General Psychology, 13*(3), 242–251.

    Pfund, G. N., & Hill, P. L. (2018). The multifaceted benefits of purpose in life. *International Forum for Logotherapy, 41*(1), 27–37.

    Reker, G. T., Peacock, E. J., & Wong, P. T. (1987). Meaning and purpose in life and well-being: A life-span perspective. *Journal of Gerontology, 42*(1), 44–49.
21. Feldman, D. B., & Snyder, C. R. (2005). Hope and the meaningful life: Theoretical and empirical associations between goal-directed thinking and life meaning. *Journal of Social and Clinical Psychology, 24*(3), 401–421.

    Gan, L. L., Gong, S., & Kissane, D. W. (2022). Mental state of demoralisation across diverse clinical settings: A systematic review, meta-analysis and proposal for its use as a "specifier" in mental illness. *Australian & New Zealand Journal of Psychiatry, 56*(9), 1104–1129.
22. Miller, W. R., & Harris, R. J. (2000). A simple scale of Gorski's warning signs for relapse. *Journal of Studies on Alcohol, 61*, 759–765.
23. Irving, J., Davis, S., & Collier, A. (2017). Aging with purpose: Systematic search and review of literature pertaining to older adults and purpose. *International Journal of Aging and Human Development, 85*(4), 403–437.
24. Sutin, A. R., Aschwanden, D., Luchetti, M., Stephan, Y., & Terracciano, A. (2021). Sense of purpose in life is associated with lower risk of incident dementia: A meta-analysis. *Journal of Alzheimer's Disease, 83*(1), 249–258.

25. Kim, E. S., Strecher, V. J., & Ryff, C. D. (2014). Purpose in life and use of preventive health care services. *Proceedings of the National Academy of Sciences, 111*(46), 16331–16336.

26. Pinquart, M. (2002). Creating and maintaining purpose in life in old age: A meta-analysis. *Ageing International, 27*(2), 90–114.

27. Griggs, S., & Walker, R. K. (2016). The role of hope for adolescents with a chronic illness: An integrative review. *Journal of Pediatric Nursing, 31*(4), 404–421.

28. Scales, R., Lueker, R. D., Atterbom, H. A., Handmaker, N. S., & Jackson, K. A. (1997). Impact of motivational interviewing and skills-based counseling on outcomes in cardiac rehabilitation. *Journal of Cardiopulmonary Rehabilitation, 17*.

29. Brueggemann, W. (2001). *The prophetic imagination* (2ª ed.). Fortress Press.

30. Jeremias 29:5–7. (1989). *The Holy Bible: New Revised Standard Version*. Oxford University Press.

31. Boukala, S., & Dimitrakopoulou, D. (2017). The politics of fear vs. the politics of hope: Analysing the 2015 Greek election and referendum campaigns. *Critical Discourse, 14*(1), 39–55.

    Miller, W. R. (2022). *On second thought: How ambivalence shapes your life*. Guilford Press.

CAPÍTULO 8. Perseverança

1. Elliot, D. (2020). Hope in theology. In S. C. van den Heuvel (Ed.), *Historical and multidisciplinary perspectives on hope* (pp. 117–136). Springer Open.

2. Rollnick, S., Miller, W. R., & Butler, C. C. (2023). *Motivational interviewing in health care* (2ª ed.). Guilford Press.

3. Milona, M. (2020). Philosophy of hope. In S. C. van den Heuvel (Ed.), *Historical and multidisciplinary perspectives on hope* (pp. 99–116). Springer Open.

    Na filosofia, a crença na própria capacidade de promover mudanças é chamada de *agência*. Na psicologia, o termo popular é *autoeficácia*.

    Bandura, A. (1982). Self-efficacy mechanism in human agency. *American Psychologist, 37*, 122–147.

    Bandura, A. (1997). *Self-efficacy: The exercise of control*. Freeman.

4. Peterson, C., Maier, S. F., & Seligman, M. E. P. (1995). *Learned helplessness: A theory for the age of personal control.* Oxford University Press.

   Maier, S. F., & Seligman, M. E. (2016). Learned helplessness at fifty: Insights from neuroscience. *Psychological Review, 123*(4), 349–367.

5. Maier, S. F. (1984). Learned helplessness and animal models of depression. *Progress in Neuro-Psychopharmacology and Biological Psychiatry, 8*(3), 435–446.

   Miller, W. R., & Seligman, M. E. (1975). Depression and learned helplessness in man. *Journal of Abnormal Psychology, 84*(3), 228–238.

6. Hibbard, J. H., Mahoney, E. R., Stock, R., & Tusler, M. (2007). Do increases in patient activation result in improved self-management behaviors? *Health Services Research, 42*(4), 1443–1463.

   Moore, M., Wolever, R., Hibbard, J., & Lawson, K. (2012). *Three pillars of health coaching: Patient activation, motivational interviewing and positive psychology.* Healthcare Intelligence Network.

7. Lewinsohn, P. M., Muñoz, R. F., Youngren, M. A., & Zeiss, A. M. (1992). *Control your depression* (rev. ed.). Fireside.

   Dimidjian, S., Barrera, M., Jr., Martell, C., Muñoz, R. F., & Lewinsohn, P. M. (2011). The origins and current status of behavioral activation treatments for depression. *Annual Review of Clinical Psychology, 7,* 1–38.

8. Daugherty, M. D. (2003). *A randomized trial of motivational interviewing with college students for academic success.* PhD dissertation, University of New Mexico, Albuquerque.

9. Brent, D. A., Brunwasser, S. M., Hollon, S. D., Weersing, V. R., Clarke, G. N., Dickerson, J. F., . . . & Lynch, F. L. (2015). Effect of a cognitive-behavioral prevention program on depression 6 years after implementation among at-risk adolescents: A randomized clinical trial. *JAMA Psychiatry, 72*(11), 1110–1118.

   Pozza, A., & Dèttore, D. (2020). Modular cognitive-behavioral therapy for affective symptoms in young individuals at ultra-high risk of first episode of psychosis: Randomized controlled trial. *Journal of Clinical Psychology, 76*(3), 392–405.

   Sockol, L. E. (2015). A systematic review of the efficacy of cognitive behavioral therapy for treating and preventing perinatal depression. *Journal of Affective Disorders, 177,* 7–21.

10. Romanos 5:4. (1989). *The Holy Bible: New Revised Standard Version*. Oxford University Press.

11. Yotsidi, V., Pagoulatou, A., Kyriazos, T., & Stalikas, A. (2018). The role of hope in academic and work environments: An integrative literature review. *Psychology, 9*(3), 385–402.

12. Reichard, R. J., Avey, J. B., Lopez, S., & Dollwet, M. (2013). Having the will and finding the way: A review and meta-analysis of hope at work. *Journal of Positive Psychology, 8*(4), 292–304.

13. Kortte, K. B., Stevenson, J. E., Hosey, M. M., Castillo, R., & Wegener, S. T. (2012). Hope predicts positive functional role outcomes in acute rehabilitation populations. *Rehabilitation Psychology, 57*(3), 248–255.

14. Gollwitzer, P. M. (1999). Implementation intentions: Strong effects of simple plans. *American Psychologist, 54*(7), 493–503.

    Gollwitzer, P. M., Wieber, F., Myers, A. L., & McCrea, S. M. (2010). How to maximize implementation intention effects. In C. R. Agnew, D. E. Carlston, W. G. Graziano, & J. R. Kelly (Eds.), *Then a miracle occurs: Focusing on behavior in social psychological theory and research* (pp. 137–161). Oxford University Press.

15. Gillham, J. E., Shatté, A. J., Reivich, K. J., & Seligman, M. E. (2001). Optimismo, pessimismo e estilo explicativo. In E. C. Chang (Ed.), *Optimism and pessimism: Implications for theory, research, and practice* (pp. 53–75). American Psychological Association.

    Zimmerman, M. A. (1990). Toward a theory of learned hopefulness: A structural model analysis of participation and empowerment. *Journal of Research in Personality, 24*(1), 71–86.

16. Lybbert, T. J., & Wydick, B. (2018). Poverty, aspirations, and the economics of hope. *Economic Development and Cultural Change, 66*(4), 709–753.

17. Informações biográficas retiradas da entrada da Wikipédia sobre J. K. Rowling, acessada em 14 de agosto de 2023.

18. Masten, A. S. (2014). Global perspectives on resilience in children and youth. *Child Development, 85*(1), 6–20.

    Lybbert, T. J., & Wydick, B. (2018). Poverty, aspirations, and the economics of hope. *Economic Development and Cultural Change, 66*(4), 709–753.

19. Armor, D. A., & Taylor, S. E. (1998). Situated optimism: Specific outcome expectancies and self-regulation. In M. P. Zanna (Ed.), *Advances in Experimental Social Psychology* (Vol. 30, pp. 309–379). Academic Press.

20. Luthans, F., Avey, J. B., Avolio, B. J., & Peterson, S. J. (2010). The development and resulting performance impact of positive psychological capital. *Human Resource Development Quarterly, 21*(1), 41–67.

21. Martin Luther King Jr., *Letter from a Birmingham Jail*, Abril 16, 1963.

22. Armor, D. A., & Taylor, S. E. (1998). Situated optimism: Specific outcome expectancies and self-regulation. In M. P. Zanna (Ed.), *Advances in Experimental Social Psychology* (Vol. 30, pp. 309–379). Academic Press.

23. McCullough, D. (1977). *The Path Between the Seas: The Creation of the Panama Canal 1870–1914*. Simon & Schuster.

24. O cantor e compositor Don Eaton representou esse momento em uma de suas composições: "Fui testemunha do sacramento, uma criança com um balde em mãos. Ela trouxe a água benta do mar para os gigantes morrendo na areia. Era a cerimônia antiga. Ela não precisava compreender". Contei essa história pela primeira vez em *Living As If: How Positive Faith Can Change Your Life* (Wipf & Stock, reprinted 2020).

CAPÍTULO 9. A esperança além da esperança

1. Havel, V. (1990). *Letters to Olga* (Paul Wilson, Trans.). Faber & Faber. Martin Luther King Jr. escreveu de forma semelhante, em uma carta da prisão de Birmingham: "Não tenho desespero sobre o futuro". John Lewis relatou que King dizia aos seus seguidores, de tempos em tempos: "Se você não tem esperança, já está morto. Você não está realmente aqui". Citado em Dear, J. (2022). Nonviolence is Christian Love in Action: A Conversation with John Lewis. *Oneing: An Alternative Orthodoxy, 10*(2), 39–46. Center for Action and Contemplation.

2. No século I, o uso da expressão "esperar contra a esperança" descreve a esperança do patriarca hebreu Abraão, já idoso e sem filhos, de ter muitos descendentes (Romanos 4:18).

3. Como Barack Obama famosamente disse: "Esperança é aquela coisa dentro de nós que insiste, apesar de todas as evidências em contrário, que algo melhor

nos aguarda se tivermos coragem de buscá-lo, trabalhar por ele e lutar por ele". De seu discurso em Iowa, citado no *New York Times*, 3 de janeiro de 2008.

4. Tillich, P. (1965). The Right to Hope. *University of Chicago Magazine*, 58(2), 16–21. Este foi aparentemente o último sermão de Tillich.
5. Zinn, J. O. (2016). "In-between" and other reasonable ways to deal with risk and uncertainty: A review article. *Health, Risk and Society*, 18(7–8), 348–366.
6. Marcel, G. (1951). *Homo Viator: Introduction to a Metaphysic of Hope*. Harper & Row.
7. Robertson, D. (1975). *Sea Survival: A Manual*. Praeger.
8. Buber, M. (1971). *I and Thou*. Free Press.
    Miller, W. R. (2017). *Lovingkindness: Realizing and Practicing Your True Self*. Wipf & Stock.
    Salzberg, S. (1995). *Lovingkindness: The Revolutionary Art of Happiness*. Shambhala.
    The Dalai Lama, & Vreeland, N. (2001). *An Open Heart: Practicing Compassion in Everyday Life*. Little, Brown.
9. Frank, A. *The Diary of a Young Girl*, entrada de sábado, 15 de julho de 1944, p. 358.
10. Venter, S. (Ed.). (2018). *The Prison Letters of Nelson Mandela*. Liveright.
11. Essa esperança final no movimento da história em direção a um ponto ômega significativo e benevolente é encontrada ao longo dos escritos de Pierre Teilhard de Chardin, incluindo *The Future of Man* (1964), *Toward the Future* (1975) e *The Phenomenon of Man* (2008).
12. Macy, J., & Johnstone, C. (2022). *Active Hope: How to Face the Mess We're In with Unexpected Resilience & Creative Power* (rev. ed.). New World Library.
13. Miller, W. R., & Rollnick, S. (2023). *Motivational Interviewing: Helping People Change and Grow* (4th ed.). Guilford Press.
14. Miller, W. R. (1985). *Living As If: How Positive Faith Can Change Your Life*. Westminster Press. (Republicado em 2020 por Wipf & Stock.)
    Miller, W. R., & Jackson, K. A. (1995). *Practical Psychology for Pastors: Toward More Effective Counseling*. (2nd ed.). Prentice-Hall. (Republicado em 2010 por Wipf & Stock.)

Miller, W. R. (Ed.). (1999). *Integrating Spirituality into Treatment: Resources for Practitioners*. American Psychological Association.

Miller, W. R., & Thoresen, C. E. (2003). Spirituality, religion, and health: An emerging research field. *American Psychologist, 58*, 24–35.

Miller, W. R., & Delaney, H. D. (Eds.). (2005). *Judeo-Christian Perspectives on Psychology: Human Nature, Motivation, and Change*. American Psychological Association.

15. Miller, W. R., & C'de Baca, J. (2001). *Quantum Change: When Epiphanies and Sudden Insights Transform Ordinary Lives*. Guilford Press.

16. Transformações de vida duradouras às vezes ocorrem quando pessoas rezam em circunstâncias desesperadoras, talvez pela primeira vez em suas vidas. Tal história é a de Bill Wilson, que, à beira da morte por alcoolismo crônico, teve uma dramática experiência de "luz branca" e não apenas parou de beber, mas perdeu permanentemente o desejo por álcool. Ele se tornou o cofundador dos Alcoólicos Anônimos.

17. Bidney, M. (2004). Epiphany in autobiography: The quantum changes of Dostoevsky and Tolstoy. *Journal of Clinical Psychology, 60*, 471–480.

18. Mackesy, C. (2019). *The Boy, the Mole, the Fox and the Horse*. Harper One.

19. Adaptado com permissão de W. R. Miller (2017). *Lovingkindness: Realizing and Practicing Your True Self*. Cascade Books (Wipf & Stock).

20. LaMotte, D. (2014). *Worldchanging 101: Challenging the Myth of Powerlessness*. Dryad.

21. Braithwaite, V. (2004). Collective hope. *Annals of the American Academy of Political and Social Science, 592*, 6–15.

    Peterson, C. (2000). The future of optimism. *American Psychologist, 55*(1), 44–55.

22. Como relatado ao seu amigo, John Dear, em Dear, J. (2013). *The Nonviolent Life*. Pace e Bene Press. Sua própria versão está em Zinn, H. (2015). *A People's History of the United States*. HarperCollins.

23. Isaías 2:4. (1989). *The Holy Bible: New Revised Standard Version*. Oxford University Press.

24. Uma perspectiva "anti-determinista" afirma que a mudança ainda é possível. Webb, D. (2007). Modes of Hoping. *History of the Human Sciences, 20*(3), 65–83.

25. Dear, J. (2013). *The Nonviolent Life*. Pace e Bene Press.
26. Benson, H., & Kipper, M. Z. (2000). *The Relaxation Response*. HarperCollins.

    Bourgeault, C. (2004). *Centering Prayer and Inner Awakening*. Cowley.

    Kabat-Zinn, J. (1994). *Wherever You Go, There You Are: Mindfulness Meditation in Everyday Life*. Hachette.

    Nhat Hanh, T. (2015). *The Miracle of Mindfulness: An Introduction to the Practice of Meditation* (Mobi Ho, Trans.). Beacon Press.
27. Elliott, R., Bohart, A. C., Watson, J. C., & Murphy, D. (2018). Therapist empathy and client outcome: An updated meta-analysis. *Psychotherapy, 55*(4), 399–410.

    Miller, W. R. (2018). *Listening Well: The Art of Empathic Understanding*. Wipf & Stock.

    Rogers, C. R. (1980). Empathic: An unappreciated way of being. In C. R. Rogers (Ed.), *A Way of Being* (pp. 137–163). Houghton Mifflin.
28. Sánchez-Rojo, A. (2022). Waiting before hoping: An educational approach to the experience of waiting. *Educational Philosophy and Theory, 54*(1), 71–80.

CAPÍTULO 10. Escolhendo a esperança

1. Delio, I. (2013). *The unbearable wholeness of being: God, evolution, and the power of love*. Orbis Books.
2. Frank, A. *The diary of a young girl*, entrada de 6 de junho de 1944, p. 336.
3. John 21:1–14. (1989). *The Holy Bible: New Revised Standard Version*. Oxford University Press.
4. O restante de nossa história está em W. R. Miller & L. K. Homer (2016), *Portals: Two lives intertwined by adoption*. Wipf & Stock.
5. Miller, W. R., & C'de Baca, J. (1994). Quantum change: Toward a psychology of transformation. In T. Heatherton & J. Weinberger (Eds.), *Can personality change?* (pp. 253–280). American Psychological Association.

    Miller, W. R., & C'de Baca, J. (2001). *Quantum change: When epiphanies and sudden insights transform ordinary lives*. Guilford Press.
6. Frankl, V. E. (2006). *Man's search for meaning*. Beacon Press.

7. Greyson, B. (2021). *After: A doctor explores what near-death experiences reveal about life and beyond*. St. Martin's Essentials.

   Miller, W. R., & C'de Baca, J. (2001). *Quantum change: When epiphanies and sudden insights transform ordinary lives*. Guilford Press.

8. Kirschenbaum, H. (2013). *Values clarification: Practical strategies for individual and group settings*. Oxford University Press.

   Rokeach, M. (1973). *The nature of human values*. Free Press.

   Simon, S. B., Howe, L. W., & Kirschenbaum, H. (1995). *Values clarification: A practical, action-directed workbook*. Warner Books.

9. Tillich, P. (1965). The right to hope. *University of Chicago Magazine, 58*(2), 16–21.

10. Dickinson, J. K. (2013). *People with diabetes can eat anything: It's all about balance*. Media 117.

11. Miller, W. R., & Hester, R. K. (1986). Inpatient alcoholism treatment: Who benefits? *American Psychologist, 41*, 794–805.

12. Marlatt, G. A., & Donovan, D. M. (Eds.). (2005). *Relapse prevention: Maintenance strategies in the treatment of addictive behaviors* (2nd ed.). Guilford Press.

13. Argumentei que deveríamos aposentar o conceito de "recaída" no tratamento da dependência química. Trata-se meramente do uso da substância, o principal sintoma dos transtornos por uso de substâncias, e a imperfeição é a norma na natureza humana. Rotular qualquer uso como falha ou recaída adiciona uma bagagem emocional e moral arbitrária.

    Miller, W. R. (1996). What is a relapse? Fifty ways to leave the wagon. *Addiction, 91* (Suppl.), S15–S27.

    Miller, W. R. (2015). Retire the concept of "relapse." *Substance Use and Misuse, 50*(8–9), 976–977.

    Miller, W. R., Forcehimes, A. A., & Zweben, A. (2019). *Treating addiction: A guide for professionals* (2nd ed.). Guilford Press.

14. Miller, W. R., Walters, S. T., & Bennett, M. E. (2001). How effective is alcoholism treatment in the United States? *Journal of Studies on Alcohol, 62*, 211–220.

15. Hastie, R., & Dawes, R. M. (2009). *Rational choice in an uncertain world: The psychology of judgment and decision making* (2nd ed.). Sage.

    Kahneman, D. (2011). *Thinking, fast and slow*. Farrar, Straus and Giroux.

Tversky, A., & Kahneman, D. (1974). Judgment under uncertainty: Heuristics and biases. *Science, 185*(4157), 1124–1131.

16. Miller, W. R. (1976). Alcoholism scales and objective assessment methods: A review. *Psychological Bulletin, 83,* 649–674.

17. *O Homem de La Mancha* foi uma peça da década de 1960 escrita por Dale Wasserman que se tornou um musical altamente popular da Broadway por Joe Darion e Mitch Leigh. Meio século depois, sua mensagem de esperança continua em apresentações contínuas.

18. Beck, J. S., & Beck, A. T. (2011). *Cognitive behavior therapy: Basics and beyond* (2nd ed.). Guilford Press.

    Burns, D. D. (1999). *Feeling good: The clinically proven drug-free treatment for depression* (rev. ed.). William Morrow.

    Leahy, R. L. (2017). *Cognitive therapy techniques: A practitioner's guide* (2nd ed.). Guilford Press.

    Lewinsohn, P. M., Muñoz, R. F., Youngren, M. A., & Zeiss, A. M. (1992). *Control your depression* (rev. ed.). Fireside.

19. Fetzer Institute. (1999). *Multidimensional measurement of religiousness/spirituality for use in health research.* Author.

20. Emmons, R. A., & McCullough, R. W. (2004). *The psychology of gratitude.* Oxford University Press.

    Sacks, O. (2015). *Gratitude.* Knopf.

21. De W. R. Miller & J. C'de Baca (2001). *Quantum change: When epiphanies and sudden insights transform ordinary lives.* Guilford Press. Citação da p. 44.

22. Hupkens, S., Machielse, A., Goumans, M., & Derkx, P. (2018). Meaning in life of older persons: An integrative literature review. *Nursing Ethics, 25*(8), 973–991.

    Li, J.-B., Wang, Y.-S., Dou, K., & Shang, Y.-F. (2022). On the development of meaning in life among college freshmen: Social relationship antecedents and adjustment consequences. *Journal of Happiness Studies,* 1–27.

    O'Donnell, M. B., Bentele, C. N., Grossman, H. B., Le, Y., Jang, H., & Steger, M. F. (2014). You, me, and meaning: An integrative review of connections between relationships and meaning in life. *Journal of Psychology in Africa, 24*(1), 44–50.

23. Baines, S., Saxby, P., & Ehlert, K. (1987). Reality orientation and reminiscence therapy: A controlled cross-over study of elderly confused people. *British Journal of Psychiatry, 151*(2), 222–231.

Bhar, S. S. (2014). Reminiscence therapy: A review. In N. A. Pachana & K. Laidlaw (Eds.), *Oxford handbook of clinical geropsychology* (pp. 675–690). Oxford University Press.

Chin, A. M. (2007). Clinical effects of reminiscence therapy in older adults: A meta-analysis of controlled trials. *Hong Kong Journal of Occupational Therapy, 17*(1), 10–22.

Fujiwara, E., Otsuka, K., Sakai, A., Hoshi, K., Sekiai, S., Kamisaki, M., . . . & Chida, F. (2012). Usefulness of reminiscence therapy for community mental health. *Psychiatry and Clinical Neurosciences, 66*(1), 74–79.

24. Czyżowska, N., & Gurba, E. (2022). Enhancing meaning in life and psychological well-being among a European cohort of young adults via a gratitude intervention. *Frontiers in Psychology, 12*.

25. Por exemplo, há uma boa variedade de métodos eficazes disponíveis para tratar problemas relacionados ao uso de álcool e outras drogas.

Miller, W. R., Forcehimes, A. A., & Zweben, A. (2019). *Treating addiction: A guide for professionals* (2nd ed.). Guilford Press.

26. Lewis, C. S. (1960). *The four loves*. Harcourt Brace.

Psaris, J., & Lyons, M. S. (2000). *Undefended love*. New Harbinger.

Rohr, R. (2014). *Eager to love: The alternative way of Francis of Assisi*. Franciscan Media.

27. Folkman, S. (2010). Stress, coping, and hope. *Psycho-Oncology, 19*(9), 901–908.

28. Herth, K. A. (2001). Development and implementation of a hope intervention program. *Oncology Nursing Forum, 28*(6), 1009–1017.

Lomranz, J., & Benyamini, Y. (2016). The ability to live with incongruence: Integration—The concept and its operationalization. *Journal of Adult Development, 23*(2), 79–92.

Zinn, J. O. (2016). "In-between" and other reasonable ways to deal with risk and uncertainty: A review article. *Health, Risk & Society, 18*(7–8), 348–366.

29. Herth, K. A., & Cutcliffe, J. R. (2002). The concept of hope in nursing 3: Hope and palliative care nursing. *British Journal of Nursing, 11*(14), 977–982.

Kirkpatrick, H., Landeen, J., Byrne, C., Woodside, H., Pawlick, J., & Bernardo, A. (1995). Hope and schizophrenia: Clinicians identify hope-instilling strategies. *Journal of Psychosocial Nursing and Mental Health Services, 33*(6), 15–41.

30. Esteves, M., Scoloveno, R. L., Mahat, G., Yarcheski, A., & Scoloveno, M. A. (2013). An integrative review of adolescent hope. *Journal of Pediatric Nursing, 28*(2), 105–113.

    Johnson, J. G., Alloy, L. B., Panzarella, C., Metalsky, G. I., Rabkin, J. G., Williams, J. B., & Abramson, L. Y. (2001). Hopelessness as a mediator of the association between social support and depressive symptoms: Findings of a study of men with HIV. *Journal of Consulting and Clinical Psychology, 69*(6), 1056–1060.

    Kirkpatrick, H., Landeen, J., Woodside, H., & Byrne, C. (2001). How people with schizophrenia build their hope. *Journal of Psychosocial Nursing and Mental Health Services, 39*(1), 46–55.

31. Edey, W., & Jevne, R. F. (2003). Hope, illness, and counselling practice: Making hope visible. *Canadian Journal of Counselling, 37*(1), 44–51.

    Larsen, D., Edey, W., & Lemay, L. (2007). Understanding the role of hope in counselling: Exploring the intentional uses of hope. *Counselling Psychology Quarterly, 20*(4), 401–416.

32. Braithwaite, V. (2004). Collective hope. *Annals of the American Academy of Political and Social Science, 592*, 6–15.

    Schrank, B., Bird, V., Rudnick, A., & Slade, M. (2012). Determinants, self-management strategies and interventions for hope in people with mental disorders: Systematic search and narrative review. *Social Science and Medicine, 74*(4), 554–564.

Índice

A

A divina comédia (Alighieri), 5-6
Abordagem restaurativa, 51-52
Ação
    ação que impulsiona esperança e, 96-98
    esperança além da esperança e, 110-112
    esperança promovendo ação e, 98-100, 124-125
    história que ilustra, 101-105
    persistência fútil, 104-107
Aceitação
    atenção plena e, 134
    falsa esperança e, 35-36
    o que a esperança não é, 38, 124-125
Aconselhamento, 7-8
Adaptabilidade, 7-8
Addams, Jane, 11-12

Agência, 57, 65-66. *Ver também* Otimismo
Agência coletiva, 65-66
Alvarenga, José Salvador, 36-37
Ameaça, 18-19, 43-44
Anne de Green Gables (Montgomery), 59-60
Annie, 59-60
Ansiedade
    pessimismo e, 62
    prognóstico e, 34-35
Antecipação, 116-119
Aparência, 73-74
Ashcraft, Tami Oldham, 36-37
Aspiração, 13
Assumir riscos
    o que a esperança não é, 38-39
    otimismo e pessimismo e, 64-65
Atenção
    esperar com esperança e, 118-119

o que você verá e não verá e, 21-24
otimismo e pessimismo e, 64-65
probabilidade e, 127-129
prognóstico e, 34-35
seletiva, 21-24
Ativação comportamental, 98
Autoavaliação, 78-81
Autoconfiança, 59-60. *Ver também* Confiança
Autoeficácia, 8-9
Autoestima
   otimismo e, 59-60
   pessimismo e, 62
   vendo possibilidade nos outros e, 45
Avaliando a esperança, 7-8, 56

B
Benefício da dúvida, 130-132, 134

C
Canal de Suez, 105-106
Cannon, Walter, 18-20
Capital psicológico, 57. *Ver também* Otimismo
Cautela, 73-74
Chances. *Ver* Previsões; Probabilidade
Ciência da esperança, 6-8
Comparação, 116-117
Componente de vontade da esperança, 14-15
Componente do caminho da esperança, 14-15
Comportamento, 73-74. *Ver também* Ação
Condicionamento, 29
Condições médicas
   falsa esperança e, 35-37
   futuros possíveis e, 50-52
   oferecendo esperança e, 24-26
   otimismo e, 57
   pessimismo e, 60-62, 131-132
   prognóstico e, 32-35, 126-128
   propósito de vida e, 89-91
   vendo possibilidade e, 43-44
Confiança, 84-85
   em si mesmo, 78-81
   escolhendo esperança e, 132-134
   esperança além da esperança e, 111-112
   motivação e, 13-16
   otimismo e, 59-60
   predisposição para, 73-76
   profecia autorrealizável e, 21-22
   seu papel em, 75-78
   violação de, 75-76
   visão geral, 69-73, 84-85
Conhecimento, 2-3
Conquista, 7-8
Consciência, 38
Contágio de otimismo e pessimismo, 62-67. *Ver também* Otimismo; Pessimismo
Controle, lócus de
   falsa desesperança e, 36-37
   pessimismo e, 61-62
Coragem, 5-6
Cranmer, Thomas, 99-100
Crenças, 85-86
Crenças fatalistas
   falsa desesperança e, 36-37
   pessimismo e, 60-62
Criatividade, 7-8
Cruzadas, 93
Cuidados de saúde, 43-44. *Ver também* Condições médicas
Culpa, 5-7

D

Decepção, 48-50
Demência, 89-90
Deming, W. Edwards, 28-29
Dependência, 74-75
Dependência química
    prognóstico e, 32-35, 126-128
    promovendo esperança e, 24-26
    propósito de vida e, 89-90
Depressão
    experiências de inutilidade e, 98
    pessimismo e, 61-62
    prognóstico e, 34-35
    desesperança e, 5-7
Desamparo. *Ver também* Desamparo aprendido
    desesperança e, 6-7
    esperança como horizonte e, 115-117
    pessimismo e, 61-62
Desamparo aprendido. *Ver também* Desamparo
    ação que promove esperança e, 98-99
    experiências de futilidade e, 97-98
    pessimismo e, 61-62
Desconfiança. *Ver* Confiança
Desejo, 2-3, 13-14
    escolhendo a esperança e, 125-127
    esperança para os outros e, 15-20
    o que você verá e não verá e, 21-24
    possibilidade e, 43-44
    promovendo esperança e, 24-26
    visão geral, 12-16, 25-26
Desesperança. *Ver também* Desespero
    confiança e, 71
    falsa desesperança, 36-37
    movimentos sociais e, 115-116
    promovendo esperança e, 24-26
    visão geral, 5-7, 110-111
Desespero, 5-7, 14-15, 93-94.
    Ver também Desesperança
Desmoralização, 89-90
Diamante Hope, 4
Diferenças complementares, 51-52
Disposições de personalidade
    confiança e, 73-76
    falsa desesperança e, 36-37
    o que você verá e o que você não verá e, 23-24
    otimismo e, 53-58, 66
    pessimismo e, 60-62, 66
    possíveis futuros e, 51-52
Dor, 47-48
Dostoiévski, Fiódor, 113-114
Duna (série de livros, Herbert), 76-77

E

"East Coker" (Eliot), 118-119
Efeito de violação de regras, 126-128
Efeito do otimismo irrealista, 58-60, 64-65. *Ver também* Otimismo
Efeito Dunning-Kruger, 79-80
Efeito *halo*, 31-32
Efeito Lake Wobegon, 65-66, 78
Efeito melhor que a média, 78-81
Efeito Pigmalião, 12-13, 16-18, 21, 125
Efeito placebo, 46-51. *Ver também* Possibilidade
Eliot, T. S., 118-119
Elizabeth I, 100-101
Empatia, 16-17. *Ver também* Esperança para os outros
Enfrentamento ativo, 6-7
Engajamento, 7-8
Entrevista motivacional, 13-14
Envelhecimento, 89-90

Erikson, Erik, 70-71, 87-89
Erro de Warren Harding, 30-32
Escolhas. *Ver também* Escolhendo a esperança
    confiança e, 69-71
    o que a esperança não é, 38-39
    otimismo e, 66-67
    probabilidade e, 28-29
Escolhendo a esperança. *Ver também* Escolhas
    confiança e, 132-134
    desejo e, 125-127
    esperança além da esperança e, 137-139
    otimismo e, 130-133
    perseverança e, 135-138
    possibilidade e, 128-131
    probabilidade e, 126-129
    significado e propósito e, 134-136
    visão geral, 123-125, 138-140
Esperança além da esperança
    escolhendo a esperança e, 137-139
    espera e, 116-119
    esperança como horizonte, 112-117
    visão geral, 110-112
Esperança aprendida, 61-62, 99-100
Esperança em geral
    ciência da esperança, 6-8
    o que a esperança não é, 38-39
    pessoas que têm esperança, 7-9
    variedades de esperança, 3-4
    visão geral, 1-3, 123-125, 138-140
Esperança para os outros
    desejo e, 126
    enxergando possibilidade e, 45-47
    oferecer esperança e, 24-26
    promovendo esperança e, 24-26
    vendo possibilidade e, 45-47
    visão geral, 15-20
Esperança profética, 90-94. *Ver também* Propósito na vida
Esperança realista. *Ver também* Probabilidade
    futuros possíveis e, 50-52
    significado e, 86
    vendo possibilidade e, 44
    visão geral, 29-30
Esperanças benevolentes, 16-19. *Ver também* Esperança para os outros
Esperar, 116-119
Esquecimento, 38
Estresse
    futuros possíveis e, 50-52
    influência percebida e, 52
Estudo sobre esperança, 6-8
Evitação
    medo e, 6-7
    o que você verá e não verá e, 22-24
Evitação de danos, 22-24
Excesso de confiança, 78-81
Expectativas. *Ver também* Otimismo
    autorrealizáveis, 19-22
    contágio de otimismo e pessimismo e, 63-65
    efeito placebo e, 46-51
    escolhendo a esperança e, 126–128
    esperança para os outros e, 17-19
    pessimismo e, 60-65
    previsão do futuro e, 32-33
    profecia autorrealizável e, 19-22
    prognóstico e, 32-35
    visão geral, 56
Experiências emocionais corretivas, 71. *Ver também* Fatores emocionais
Experiências na infância, 99-102

F

Falsa confiança, 79-80
Falsa desesperança, 36-37. *Ver também* Desesperança
Falsa esperança, 34-37, 104-105
Fatores em nível social, 8-9
Fatores emocionais
    ação que impulsiona esperança e, 98
    confiança e, 76-77
    experiências emocionais corretivas, 71
Fé, 76-77, 110-112. *Ver também* Esperança além da esperança
Fibra. *Ver* Resiliência
Filtro cognitivo, 21-24
Finley, James, 75-76
Francisco de Assis, 93
Frank, Anne, 111-112
Frankl, Viktor, 124-125
Franklin, Benjamin, 49-51
Fromm, Erich, 76-77
Futuro
    confiança e, 69-71
    espera esperançosa e, 116-119
    esperança como horizonte, 112-117
    esperança profética e, 90-94
    otimismo e pessimismo e, 65-66
    possibilidade e, 50-52
    previsão, 29-33
    significado e, 85-87

G

Gandhi, Mahatma, 15-16, 86, 90-94
Gentileza amorosa, 113-115
Gladwell, Malcolm, 30-32
Grande Depressão, 5-6

Gratidão
    escolhendo a esperança e, 134
    significado na vida e, 88-90

H

Harding, Warren, 30-32
Herbert, Frank, 76-77
Hipervigilância, 133
História, 42-43, 65-66
Holmes, Elizabeth, 35-36
Horizonte, esperança como, 112-117
Hugo, Victor, 76-77

I

Igreja Adventista do Sétimo Dia, 106-107
Importância
    desejo e, 13-14
    motivação e, 13-15
Impossibilidade, 13-14. *Ver também* Possibilidade
Impotência
    experiências de inutilidade e, 97-98
    falsa desesperança e, 36-37
Impressões, 30-32
Inação, 38. *Ver também* Ação
Incerteza
    confiança e, 73
    previsão do futuro e, 30-32
    visão geral, 2-3
Independência, 74-75
Influência, 52-54
Interpretação, 20-21
Investigação apreciativa, 75-76
Irracionalidade, 76-77

J

Jeremias, 91-93
Johnson, Debbie, 101-105

Judá, 91-93
Julgamento
    atenção plena e, 134
    confiança e, 77, 133-134
    desejo e, 125-126
    previsão do futuro e, 30-33
Júlio César (Shakespeare), 75-76
Justiça retributiva, 51-52

K

Kaptchuk, Ted, 48-50
Keller, Helen, 41-43
King Jr., Martin Luther, 2-3, 8-9, 85-86, 90-91, 93-94, 101-102

L

Lócus de controle
    falsa desesperança e, 36-37
    pessimismo e, 61-62
Logoterapia, 87
Luto, 3

M

Madoff, Bernie, 34-36
Magnetismo animal, 49-51
Malcolm X, 21
Maldições, 18-21
Mandela, Nelson, 97, 112, 139-140
Maneirismos, 73-74
Medição da esperança, 7-8, 56
Meditação de atenção plena, 118-119, 134
Medo
    confiança e, 70-71, 73, 77
    contágio de, 62-63
    desesperança e, 6-7
    o que você verá e não verá e, 21-22
    previsão do futuro e, 31-33
    vendo possibilidade e, 43-44
    visão geral, 4-6
Menninger, Karl, 6-8
Mentalidade
    esperança pelos outros e, 18-19
    significado na vida e, 88-90
Merton, Robert, 19-20
Mesmer, Franz Anton, 49-51
Método *join-up*, 71-72
Microagressões, 116-117
Miller, William, 106-107
Minha bela dama, 13
Moby Dick (Melville), 35-37
Mortes por vudu, 18-21
Motivação
    ação que promove esperança e, 98-99
    esperança para os outros e, 18-19
    o que você verá e não verá e, 22-24
    oferecendo esperança e, 24-26
    visão geral, 13-15
Movimentos sociais, 114-116
Mudança
    ação que impulsiona esperança e, 96-97
    esperança como horizonte e, 112-117
    motivação e, 13-16
    otimismo e, 66
    quântica, 87-89
    significado na vida e, 87
    táticas de medo e, 43-44

N

Narapoia, 57
Narcisismo, 65-66
Negação
    falsa esperança e, 35-36
    otimismo e pessimismo e, 64-65
    visão geral, 38

Negatividade. *Ver também* Pessimismo
  contágio de, 62-67
  desesperança e, 5-7
Neki, Salvador, 74-75
Newton, John, 113-114
Niebuhr, Reinhold, 37, 123-124
Nietzsche, Friedrich, 84-85
Norwich, Juliana de, 56, 63-64

O

O dia seguinte (filme), 43-44
  de Chardin, Pierre Teilhard, 6-8, 88-90, 112
  de Lesseps, Ferdinand, 105-106
O velho e o mar (Hemingway), 36-37
Obama, Barack, 97
Objetivos, 13, 119
Objetos, 72-73
Oferecer esperança, 24-26, 126.
  Ver também Esperança para os outros
Opiniões, 63
"*Optimist Clubs*", 64-65
Oração centrada, 118-119
Oração de serenidade, 37
Orações, 16-17, 118-119
Orientação coletiva
  otimismo e pessimismo e, 65-66
  pessoas que têm esperança, 8-9
Os miseráveis (Hugo), 76-77
Otimismo
  ativo, 56-57, 67
  benefícios do, 57-59
  contágio de, 62-67
  desesperança e, 5-6
  escolhendo a esperança e, 130-133
  passivo, 56-57, 67
  pessimismo, 60-67
  riscos do, 58-61
  variedades de esperança e, 4
  visão geral, 53-57, 84-85

P

Pandora, 1, 4
Passividade
  esperança para os outros e, 16-17
  medo e, 6-7
  o que a esperança não é, 38-39
Pavlov, Ivan, 29
Pensamentos e orações, 16-17
Percepção
  confiança e, 69-71
  de profundidade, 72-73
  influência percebida e, 52-54
  o que você verá e não verá e, 21-24
  profecia autorrealizável e, 19-20
  vendo possibilidade nos outros e, 45-47
Perdão
  confiança e, 78
  o que a esperança não é, 38
Perfeição, 126-128
Perseverança
  ação e, 96-100
  escolhendo a esperança e, 135-138
  história que ilustra, 101-105
  persistência fútil, 104-107
  pessoas que têm esperança, 7-8
  visão geral, 96
Persistência. *Ver* Perseverança
Pesquisa sobre esperança, 6-8
Pessimismo, 60-67, 130-132.
  Ver também Otimismo
Poder superior, 86
Pollyanna (Porter), 59-60
Positividade, 6-7, 57, 62-67.
  Ver também Otimismo
Possibilidade
  acreditar em, 46-51

escolhendo esperança e, 128-131
futuros possíveis, 31-33, 50-52
influência percebida e, 52-54
nos outros, 45-47
vendo, 42-47
visão geral, 13-14, 42-43
Prazer, 22-24
Predisposições, 71
Previsões. *Ver também* Probabilidade
esperança profética e, 90-94
o que a esperança não é, 38-39
previsão do futuro, 29-33
profecia autorrealizável e, 21-22
visão geral, 56
Prioridades, 125-126
Probabilidade. *Ver também* Previsões
escolhendo esperança e, 126-129
falsa desesperança e, 36-37
falsa esperança e, 34-37
o que a esperança não é, 38-39
previsão do futuro, 29-33
prognóstico e, 32-35
visão geral, 28-29, 42-43, 69-71
Profecia autorrealizável
desejo e, 126
falsa desesperança e, 37
pessimismo e, 61-62
visão geral, 19-22
Prognóstico, 32-35, 126-128
Programa TenderLove, 101-105
Promessa, 98-100
Propósito na vida. *Ver também* Significado
comparado ao significado, 84-85
escolhendo esperança e, 134-136
pessoas que têm esperança, 7-8
visão geral, 13, 89-94
Psicologia positiva, 74-76

Pueblos indígenas, 95-96

Q
Qualidade de vida, 7-8
Querer. *Ver* Desejo

R
Racionalidade
confiança e, 76-77
falsa desesperança e, 36-37
falsa esperança e, 34-37
Racionalidade preditiva, 35-37
Reagan, Ronald, 80-81
Realismo depressivo, 6-7
Recuperação, 7-8
Reeve, Christopher, 83-88
Relação curvilínea, 60-61
Relacionamentos
confiança e, 74-75
escolhendo esperança e, 135-136
esperança para os outros e, 17-19
vendo possibilidade nos outros e, 45
Relacionamentos românticos. *Ver também* Relacionamentos
esperança para os outros e, 17-19
vendo possibilidade nos outros e, 45
Religião
esperança além da esperança e, 111-112
significado e, 86
Resiliência. *Ver também* Otimismo
escolhendo esperança e, 135-138
história que ilustra, 101-105
pessoas que têm esperança, 7-8
visão geral, 57, 99-102
Resolução de problemas
esperança aprendida e, 99-100
pessoas que têm esperança, 7-8

Resposta de relaxamento, 118-119
Ressentimento, 116-117
Risco, 73
Roberts, Monty, 70-71
Robertson, Dougal, 111-112
Rohr, Richard, 44
Roosevelt, Franklin, 5-6
Rowling, J. K., 100-101

S

Sarcasmo, 18-19
Satisfação, 7-8
Saúde, 57. *Ver também* Condições médicas
Segurança, 133
Sensibilidade à rejeição
    esperança para os outros e, 18-19
    pessimismo e, 61-62
Senso e intuição, 51-52
Shaw, George Bernard, 13
Significado. *Ver também* Propósito na vida
    comparado ao propósito, 84-85
    escolhendo a esperança e, 134-136
    pessoas que têm esperança, 7-8
    profecia autorrealizável e, 19-20
    visão geral, 84-90, 93-94
Simpatia, 16-17. *Ver também* Esperança para os outros
Snyder, Charles, 14-15
Sobrevivência, 5
Sofrimento
    emprestar esperança e, 24-26
    falsa esperança e, 35-36
Starr, Ellen, 11-12
Submissão, 38
Sullivan, Anne, 41-43
Suposições
    confiança e, 73-74
    escolhendo a esperança e, 130-133
    experiências emocionais corretivas e, 71
Suspeita da dúvida, 130-132

T

Táticas de medo, 43-44. *Ver também* Medo
Tenacidade, 97. *Ver também* Perseverança
Tentação, 126
Terapia, 7-8
Thurman, Howard, 16-17, 46-47, 50-51
Tolstói, Liev, 113-114
Tomada de decisão
    confiança e, 77-78
    previsão do futuro e, 30-32
Transformação, 123-124, 134
Transtornos por uso de substâncias, 89-90
Trauma, 99-102

V

Vaidade, 116-117
Variedades de esperança, 3-4
Viés
    de confirmação, 21-24, 34-35
    o que você verá e não verá e, 21-24
    otimismo e pessimismo e, 64
    previsão do futuro e, 30-33
    prognóstico e, 34-35
Violação da confiança, 75-76. *Ver também* Confiança
Viver com esperança, 88-90. *Ver também* Significado

W

Wiesel, Elie, 43-44, 93-94